神と向き合って生きる

横田幸子

新教出版社

目　次

目　次

まえがき

原　直呼

多くの方は、初めて目にする名前に「まえがきを書いている人誰？」と訝しく思われたのではないでしょうか。また、著者と親しい方は、意表を突く人選に驚かれたことと思います。わたしは著者の娘であります。普通、こういう場に家族が登場することはないでしょうし、わたしは牧師ではなく神学を勉強したこともありません。当然、説教について語ることはできず、ここでは「説教の舞台裏」あるいは著者自身について、ご紹介することとなります。それを「横田幸子の説教集」を読んでいただくにあたっての解説と受け止めていただければ幸いです。

最初に個人的なことを書くことをお許しください。母は、初めての子どもが生まれたとき、この子の生殺与奪の権を母親である自分が握っているのではないかと恐ろしくなり、この小さな命は神に属すのだからと「直呼」（ナオコと読みます）と名付けたそうです。「あなたが呼ぶのは、母であるわたしではない、真っ直ぐに呼ぶべき方を呼びなさい」と（そのように私が育つことができたかどうかはまた別の話ですが）。

子どもの名付けのエピソードなどまったく私的なことがらをご紹介したのは、これが、母が他者とかかわるときの根幹をなすものだと思うからです。〈すべての人は、それぞれに、真っ直ぐに神とつながっている。そのことを、まず揺るぎなく信じる。そしてだから、一人ひとりを見つめることが、そのまま神を知るヒントになる〉。ですから、出会う人たちの言動が、そのまま彼女の「神学書」になるわけです。この説教集にもいくつか収められていますが、とりわけ幼い子どもの言葉・感性は、一流の註解書のようです。ただし必ずしもわかりやすいものではなく、考えるともなく考えながら数十年かかってようやく腑に落ちるものもあるとか（Vの「みーんなムダにならない——神は種を蒔かれた」）。

このように人との関係のなかで聖書を読み解いていくときに重要になってくるのは、想像力でしょう。現代社会の歪みは想像力の欠如ゆえだという声を最近耳にするようになりましたが、そのとおりだと思います。自分の言動が周りにどう影響していくか、あるいは見えているものの背後に何があるのか、想像する手間を省いてしまっている人があまりにも多い。一点・一瞬を切り取って判断することばかりが求められ、時間的にも空間的にも広がりをもって波及していくありようを思いめぐらすゆとりがないのかもしれません。

想像力は観察力に裏打ちされてこそ真価を発揮すると思いますが、この観察するということでは、母にはいくつものエピソードがあります。たとえば、ゼロ歳児だったわたしの一日の食事の様子をみようと試みたところ、一度に食パンを一斤食べてしまったけれども、次の回では野菜に手を出し、三食全体でバランスが取れていたから、大丈夫、必要なものは身体自身がわかっているのだと納得した話。教会をベースにしていた共有保育の子どもたちの遊びのなかで、三人の男の子が一人の女の子に悪口を浴びせている様子を、どう終結するのか見ていた話（しばらくして「もういいか」と男の子たちは去っていき、そこで母は出ていって「一人で頑張ってえらかったね、でもあの子たち本当はあなたのこと好きなのよ」と女の子を抱きしめたそうです）。近所の男の子が原っぱで、紙切れを線状に並べ、端につけた火が次々と移っていく実験（?）をしているのを、水を張ったバケツを傍において見守っていた話。……度胸がないと、ここまで観察することはなかなかできません。そして彼女の度胸の良さは皆が認めるところです。

大胆かつ自然体な人とのかかわり方、神との対話の仕方は、幼少期からの育ちのなかで培われてきたものと思います。埼玉県北部の町で氷問屋を営んでいた両親（わたしの祖父母）は、当時としては非常に自由な考え方をする人であったようです。店に出入りする、さまざまな背景をもつ人々との交流が、その後の母の人間考察に影響を与えたのはまちがいないでしょう。

出張伝道にきていた教会（集会所）に幼稚園の頃から母親と通うようになりましたが、戦争が始まると牧師が引き揚げ教会は閉鎖されました。その後は、母親や信徒のお宅をたびたび訪ねて聴いた聖書の話を学校帰りに友だちに語っていたといいますから、この頃から牧師となる道は用意されていたのでしょうか。一方で、お屋敷に忍び込んで冒険したり、隣町とのけんかがあれば呼び出され、疎開してきた家族が飢えていると聞けば農家に直談判に行って畑を借りみんなで野菜や芋を育てるなど、活発な遊びでも本領を発揮していたようです。

小学（国民学校）六年生で終戦を迎えますが、戦争体験と呼べるようなものはほとんどない、幸運な子どもでした。「鬼畜米英」を発語するのはためらいながら歴代天皇の暗唱を型どおりにこなす一方、月二回学校から戦勝祈願に行く神社参拝ではひそかに「戦争を終わらせてください」と祈り、「天皇＝神」と教えられても「先生は本当のことを知らないんだよ」と友だちに内緒で話し、天皇制を相対化する術はこの頃に取得したのかもしれません。

その後、月に一度は学校を休んで東京へ映画を観に行っていた女学校（戦後学制改革で一九四八年度から新制高校）時代を経て、日本聖書神学校（夜学）に進みます。昼間は教会幼稚園で雑用係として働き、ここで担当していた、週一回の礼拝での「聖話」は、子どもたちにとって人気となっていたようです。彼女の子どもたちに向けての物語は、聖書記述を核にして、大胆に脚色を加えたもので、伝道師時代へと続きます。恩師の浅野順一先生はおもしろがって自由にさせてくださったとのことです。

「説教の舞台裏」に話をもどせば、人間観察だけではなく書物も重要な要素であるのはもちろんです。ただしやはり神学（とその周辺）の専門書だけではなく、絵本や児童文学からも多くの示唆を与えられているようです。農村伝道神学校で、後期・キリスト教教育の講師をしていた十数年、最終回のテストは児童文学書または絵本の感想提出に代えていたとのことです。（良質な）ファンタジーは聖書を理解するのにとても役立つし、かつてはわたしと妹が読みまくっていたマンガも、漫画家はよく勉強している、と感心しながら参考にしていました。映画や演劇・美術展もその延長線上にあります。要するに、すべての人が真っ直ぐに神につながっているのだから、人の手によるものはすべてが註解書になりうる、ということでしょうか。

型破りな生き方をする横田幸子の型破りな聖書の読み解きが、キリスト教の枠を超えてみなさまの心に届き、想像力を耕す一助となりますようにと願います。

Ⅰ　聖書の神話

人間創造のミステリ
——向き合う関係

創世記二章一五～一八節

主なる神は言われた。「人が独りでいるのは良くない。〈彼〉に合う助ける（向き合う）者を造ろう。」（一八節）

今年（二〇一四年）三月、日本では数少ないキリスト者集団が、原発問題についての国際会議（「原子力安全神話に抗して――フクシマからの問いかけ」）を開きました。

声明文は三つの項目からなっていて、一つ目は罪の告白、二つ目は祈り、三つ目は決意と呼びかけになっていましたね。罪の告白のところは、創世記三章を根底に据えておりました。わたしたち日本のキリスト者にとっては説得力のあるものであったと思いますが、決意の部分は、教団の諸教会にとってはかなりの時を必要とするような努力目標が掲げられていたとわたしには思われました。

今日は、声明文の理解の助けになることを願って、創世記三章とは真逆の二章を採り上げさせていただきます。聖書の創造物語は、現代人にとっては「神話」です。が、「神話」の意味するところを読み取ることも現代人の課題です。二章、三章を現代人の遭遇している諸問題とのかかわりを視野において、もう一度、ごいっしょに耳を傾けてみましょう。


天地創造物語が、二つの資料によって編集されているのはご承知のことと思います。一章はP資料、二章はJ資料で、年代的にみればPはバビロン捕囚から解放されてふるさとに帰ってからの紀元前四五〇年頃、祭司によるもの。Jは、神の名をヤーウェ（「わたしは在る」の意）と呼んでいた族長時代から口伝として語り継がれた断片的な物語が、ダビデ王朝になってから文章化されたもの（紀元前九〇〇年代）と言われています。昔話とか民話と言われるものは、多くの人たちによって語り継がれ、時代によっては断片的な資料を手に入れて修正される、という事情は、いずれの民族にとっても同じですね。

一章のP資料によれば、人間の創造は言葉による創造で、「神に似せて造られた」とあり、二章ではJ資料によるもので素材による創造です。「土の塵から造られた」と語られています。「土の塵」という言葉は、ヘブル語では「アーダーマー」です。アーダーマーから造られた人・アダムは、「鼻に命の息を吹き入れられて生きる者となった」とあります。

この七節の言葉は、聖書に信仰の由来を求める者にとっては、とても大切ですね。新約のヨハネによる福音書の、復活のイエスが弟子たちに「息を吹きかけて言われた。『聖霊を受けなさい』」（二〇章二二節）に通じる言葉です。人間が命ある者になったのは、ヤーウェなる神が息を吹き入れられたことによって、罪を犯してしまった人間には復活のイエスが息を吹きこまれたことによって、創造者と被造者の関係が回復されたことが言われているわけです。この「創造主なる神と被造物なる人間」という捉え方は、旧新約一貫して前提となっております。

ここで、もう一つ注意していただきたいのは、神から息を吹き入れられて生きる者となったアダムは、普通名詞の人・人間であって、固有名詞のアダムではないことです。もちろん男性でもありません。それが、教会の歴史は、男性アダムとして理解してきてしまいました。新約聖書でたくさん教会宛に手紙を書いているパウロも、「男が初（はじめ）に造られて、女はあとから造られたのだから女は男に従わねばならない」と言い、エフェソの信徒への手紙やテモテへの手紙の著者も同じ読み方をしています。どうして読みちがえてしまったのでしょうね。家父長制社会の常識のせいかもしれません。思いこみということでしょうか。でも、家父長制社会といえば、イスラエルの族長時代も同じです。どう考えたらいいでしょう。

想像が許されるとしたら、まだ国家組織をもたず、整然とした社会意識（常識）がつくられていない時代では、人間の出どころへの問い（人間はどのようにして人間となったのか）をもつのに、人々の自由があったと言ってもよいのかもしれません。人間集団の考え方の枠組みにはすきまがあって、人々が素朴に、しかも深いところで考えることができたというとなのかと思います。人間はどのようにして今あるのだろうと誰彼となく自然に考えることがあったのでしょう。

物語をつくるときには、人の魂の奥にあるものが出てくる。人の心のいちばん深いところにある思いは、人と人とを根源のところでつなぎあわせてゆくことがあるのでしょう。神との交流にはヘブル語ルーアハ・神の霊・息の働きかけがあります。そこで語られたものがルーアハ・風にのって広がって行きます。霊・息・風を一つの言葉ルーアハ（ギリシア語ではプネウマ）と表現した古代人の感性にオドロキを覚えます。

今でも、物語を大事にしている原住民と言われる人たちの人間に対する単純な、しかし豊かな平等感覚、また自然に対する深い対応力というものがありますね。幼い人たちはすべて出会う生きものたちと共感する感覚をもっている、ということなどから類推できます。男も女も区別なく、障がいのあるなしの区別もなく、人間と動物の区別もなく、命ある者どうしとしての見方は、知識を身につけてしまった者が見失ってしまった命の根源性への把握というものがある、と思えるのです。

さて、アダムの生きるエデンとは、どんなところであったのでしょう。エデンと発音する言葉は、古代メソポタミアのアッカド語「イデンヌ」（荒野）からきているのではないかと文献上言われているのですが、たとえ、言葉としてはそうであったとしても、エデン口伝の物語を語り伝えた人たちにとっては、さまざまな困難なことがふりかかってくる荒野を旅していた頃、草原が広がり、果実をつける樹々があり、清らかな水があるところを求めて歩み続けている限り、人は命の源泉を得ることができるというイメージのほうが強かったのではないでしょうか。その人たちにとっては最初の人間が暮らしていたところを想い描いた「エデンの園」は「歓びの園」以外ではなかったのでしょう。ヤーウェなる神は、園のどの木からその果実を食べてもよいと言われている、このところで神に養われている生きものたち、というイメージです。

ただし、園の中央にある「命の木」と「善悪を知る木」には手を出してはならない、そういうヤーウェなる神の命令には、自発的に聴き従っていたアダム・人間です。エデンの園のイメージは、聖書の最終巻、ヨハネの黙示録の「新しい天と地」再創造の物語に受け継がれているようです。再創造の世界には「命の木」と「善悪を知る木」がおかれていないちがいがあります。黙示録の場合は二つの木の意味をすでに歴史のなかで経験してきているからなのでしょう。

創造物語では、「命の木」と「善悪を知る木」は、神と人間との関係を象徴する言葉だけに留まっているのですが、あえて具体的な木をイメージすると、「命の木」はナツメヤシの木であろうと言われています。ナツメヤシは堂々とした木で、林になっていると遠くからでもすぐ見分けがつくそうです。夏にはオレンジ色の実をつける。そして、ナツメヤシがあるところには必ず水辺がある。砂漠を旅する人がオアシスと呼んでいるところだそうです。詩編二三編の「主はわたしを青草の原に休ませ、憩いの水のほとりに伴い、魂を生き返らせてくださる」を想い起こさせます。

「善悪を知る木」のほうは、伝統的に〝りんごの木〟と言われていますね。これは中世の教会から始まっています。りんごはラテン語で「マルム」と言いますが、これはなぜか悪を意味する言葉でもあります。見るからにおいしそうな、食べてもおいしいりんごが「悪」に豹変するというのは、機知にとんだ象徴的な命名かもしれません。

さて、「人間は何のために造られたか」というのが二章の中心テーマです。アダム・人が造られた目的は、一五節「地を耕し、守ること」とあります。ここでの「耕す」という言葉は、畑を耕すという意味の言葉ではなくて、「仕える」という意味の言葉が当てられていると、聖書研究者が指摘しています。口伝物語が伝えられてきた族長時代では、一定の地に定着しているわけではありませんから、「地を耕す」作業は中心となるものではなかったし、ましてや、すべて必要なものが備えられている「エデンの園」ではなかったかと思えば納得がいきます。「大地・自然に仕えてこれを守ること」それが人間創造の目的であるという叙述は、一章のP資料とちがいます。一章では「人間は他の被造物を支配せよ」でした。支配者と僕《しもべ》のちがいです。矛盾しているのですが、この矛盾はいいと思いますよね。矛盾のままに編集者は採録しています。

一方では「支配」という言葉で、人間は自然の一部ではなくて、「王」の位置を与えられている。つまり、自然を賢く、心細やかに神の代理人として治める役です。しかし、他方で大地・自然に仕える「僕」として、神からの委託を徹底して受け容れる人間です。言ってみれば、支配者の陥りがちな驕り、僕として卑屈になりがちな人間を、単眼ではなく複眼で捉える、相反するかのような二つの視点から見るということでしょうか。王朝制度をもってから文章化された、旧約聖書の人間観と言えるかもしれません。

次に一六節、一七節の神の命令「園のすべての木から取って食べなさい。ただし、善悪の知識の木からは、決して食べてはならない」のところをもう少し考えてみましょう。命令と強制はちがいます。命令には従うことも従わないことも予想されています。強制は従うことしかできない。一つの道しかありません。ここで大切なのは、命令に従う者の自発性が求められているということです。従うことも従わないこともできるところでの自由から、自発的な服従を選ぶ。神は人間の自由な選びを求めているということです。神と人間との関係性は、双方ともにおたがいに自発性をもっていると言ってもいいでしょうか。人格的な性格をもっていると言うこともできます。

物語のなかで、神に向き合うことの具体性が語られているのが一八節です。「人が独りでいるのは良くない。彼に合う助ける者を造ろう」。ここでも翻訳の問題があるのですね。彼に合う助ける者。人を「彼」と言い換えているのは、語り手が男性であったからでしょう。女性であったら「彼女」になるでしょう。「合う（ふさわしい）助ける者」はヘブル語では「エーゼル、ケネクドー」。「エーゼル」は「助け手」のほかに仲間、連れ、パートナーという意味をもっています。「ケネクドー」は、目の前にいる人と〝向き合う〟という意味の言葉なのであって、彼に合う、とか、彼にふさわしいというニュアンスはまったくない、と最近の聖書研究者によって明らかにされています。岩波版旧約聖書（月本昭男）では、「彼と向きあうような助け手を造ろう」となっています。先ほど申し上げた言葉の意味によれば「人と向き合う仲間を造ろう」と訳すのも可能です。この場合「人」は男でもなく女でもないわけですから、今日「常識」となりつつある「同性どうし」と理解することも自然だと言えます。

ところで、J資料が人間を「土の塵」と強調したかったのは何故でしょう。一つには、人間が死んで土に葬られていく事実を事実として、古代人は見ていたからでしょう。二つには、土に帰されるまでの地上の人生を、神に守られて生きてきた、言い換えれば「神に向き合って」「神と共に」生きてきたという了解が人間への肯定感としてあって、死は安らかに終わりに至るという思いがあったからではないでしょうか。

神と向き合って生きることは、現に生きている人間どうしにも応用されうるはずです。神と向き合って生きる人間は、他の人間とも向き合って生きることへと押し出されていく、という理解です。少ない言葉で、相手の表情を見ながらわかり合う、これも素朴でありながら根源的な捉え方と言えるでしょう。

余談になりますが、前任地での話です。わたしは知覚障がいと肢体障がいの二重障がいをもった双子の姉妹と小学一年生から四〇歳の今に至るまでつきあっているのですが、彼女たちの挨拶言葉である、おはよう、さようなら、ありがとう、ごめんなさいは、おたがいに向き合って目と目を合わせハグしなければ挨拶にならない。顔を見合わせないままおはようと声かけする人には返事をしないのですね。彼女たちとのつきあいから、向き合うことの大事さ、少ない言葉でもたくさんのことを語り合えることを経験させられてきました。わたしが塩尻に来てからは彼女たちが会いに来てくれています。それも礼拝参加に、です。

現代では、人は知識的なこと、また情報をいっぱい身につけているので、価値観のちがう者どうしは、向き合うという言葉がなかなかすんなり受け容れにくくなっていると思われます。「向き合う」なんて悠長なことはやっていられない、おたがいのちがいを確かめあって一致点を探し合うなんてまどろっこしい、話し合いはできない。

代議制をとっている国会でさえも、一つの法案が提出されるとすぐに採決にもちこまれているようです。最近の教団総会も同じです。事前に自分たちが多数であれば採決してしまう民主主義は変ですね。いきおい凡人は、強い力をもった指導者の考え方についていけばいいのだ……となるのでしょうか。最近の日本には、「民意」を代表すると称する人たちの言動に、著しくこの傾向が見られます。話し合いによる外交など、スピーディな時代には似つかわしくないと言わんばかりの、わが国の政治家たちの姿勢です。世界レベルの「共通外交・安全保障政策」の中身は、第二次世界大戦の反省から、ようやく、信頼と対話にもとづく軍縮・平和のシステム化が確認され、少しずつ展開されてきているのですから、「平和憲法」をもつ日本こそリーダーシップをとれると思うのですが……。

ともかく、古代人の伝承を記録した創世記二章は、神なしには存在できない、人と人とが向き合う物語なのです。

ヤーウェなる神は、「人が独りでいるのは良くない。彼・人と向き合う助け手（仲間）を造ろう」と言われ、まず、他の被造物をアダムに向き合わせます。けれどアダムが心を動かさなかったので、アダムを眠らせてあばら骨一本をとり出し、二人目の人を造りました。ここではじめて最初の人・アダムは二人に分離され、一方をイシャー（女）、他方をイッシュ（男）と呼ぶことになります。アダムは固有名詞となっていきます。独りから二人になった喜びの言葉が人から発せられます。分離された命もともに神の創造によることが明解に訴えられている物語です。

最初に申し上げたように、三章は男と女の罪を犯す物語が展開されて、罪の自覚を迫られますが、二章では、人は神に向き合い、人と人とが向き合って生きるという祝福された命への肯定、命の根源が示されているのです。三章で導かれる罪の自覚は、二章に示されている命への祝福があってこそ、リアリティを感受することができるのではないでしょうか。別の言い方をすれば、神の赦しのなかでこそ罪意識を導かれるということです。

3・11以来、人間の生き方・暮らし方の転換を迫られているわけですが、わたしたち、聖書で啓示される神を信じる者にとって、転換をぶれなく、徐々にであっても自分自身のものとすることができる、ということを創世記物語をとおして再確認できたでしょうか。

教会は、神と出会い、人と出会う空間です。出会いは外への広がりを必然とする開かれた空間です。神と人、出会う人と人との向き合う関係のなかでしか、地に足をつけた変革は起こりえない。さらに言えば、現代の経済至上主義に呪縛されている現実の仕組みから脱出可能な道筋も、また、目に見えない巨大な壁・無関心という壁を突き破ることも、たがいに向き合う関係性のなかに見出せるのではないでしょうか。

（二〇一四年五月四日）

わたしたちの〈いのち〉の源流
――アダムの系図

創世記五章一～三二節

アダムの系図を全部朗読していただきました。退屈でしたか、それとも何か発見がありましたか。

わたしは、何度か創世記を読み返していて、この系図のところにきたとき、ふっとひらめいたことがありました。ずいぶん昔のことです。

わたし自身の命も、この系図の流れのなかに入っているんだという感覚をもったのです。「人は生まれ、生きて、死んでいく」という人間の生と死の流れにリアリティを感じたのです。大げさな言い方をすれば人類と個人のつながりというものを感じて感動しました。後になって人類と個人のつながりというものを感じとれると、人は〝自殺願望〟をもたなくなるものだという文章を何かの本で読んで、なるほどと合点しました。

たしかに、それからというもの、自分自身や他人の過酷な生に出くわしておろおろすることがあっても、その過酷さに耐えられる命の深さ、つながり感覚、生と死を受容する感覚というものを与えられたと思います。感覚なので説明できないもどかしさがあるのですが、非歴史的な系図、そのうえ無味乾燥としか見えない、人類はじめての系図に目を覚まされたことを、まず、お伝えしておきたかったのです。

数日前の信濃毎日新聞で、姜尚中《カンサンジュン》さんが長野で講演されたことの報告記事が載っていました。そのなかで、現代人には帰属意識というものが希薄になっているのではないか、という言葉に目が留まりました。姜さんは夏目漱石の『こころ』との関連で話を展開しておりましたが、わたしの言葉におきかえるなら、ネット社会に生きている現代人は、表面的には問題意識を共有している仲間が広がっているように見えるけれども、心の奥底では孤独感をつのらせているのではないか、信頼できる他者との人格的な結びつきがもてない。自分自身の存在感をもてる帰属関係をつくり出せないでいる、ということを、言われているのだと思いました。

そこで我田引水になるのですが、聖書を媒介にして、礼拝に集まって来ているわたしたちには帰属意識が養われてきている、と言ってもいいでしょう。日常的には小さな群れなる教会の交わりですけど、この教会が拠って立っているのは、神の創造による歴史世界に属しているという認識です。そんな大げさなことを言われてもピンとこない、観念的なことではないか、と思われる方もいるかもしれません。

けれども、わたしたちがここでのつまり教会での身近にいる人を信頼するのは神への信頼があってのことです。神への信頼・信仰において、狭い意識にとらわれがちなおたがいの関係性を見直しうるということです。

ともかく、このアダムの系図を読む、読まされることによって、わたしたちは小さな交わり、自分の好き嫌いによる他者との関係性を超えることができるという視点を与えられるわけです。この系図の記述には、具体的には子を産む女性が退けられていることにちょっとクレームをつけたい、ということがありますが、結局のところ「命の流れを喜ぶ」ところへ、導かれると読みたいと思います。

編集者には、もちろん編集意図というものがあります。明解なのは一つ、人間の歴史は、神に創造されたことの確認から始められねばならないということですね。「神話」という文学手法を取り入れての記述です。神話なんて、取るに足りないと思う方がおられると思いますが、聖書は新約も含めて旧約も大切な点を述べるのにこの方法を採り入れていることが多いのです。神話を非神話化して読みとるということですね。

一節

これはアダムの系図の書である。神は人を創造された日、神に似せてこれを造られ、男と女に創造された。創造の日に、彼らを祝福されて、人と名付けられた。

「人」ということばは「アダム」です。個人名としてのアダム以前に人間としてのアダムをしっかり頭に入れておきましょう。この使い方は現代でも使います。医者である前に人間であれ。政治家である前に、神学者である前に、牧師・教師・親である前に、男・女である前に、同性愛者である前に……人間であれと使われています。とりわけ、専門職にのめりこまざるをえない現代社会では、人間性を失ってはならないという意味でひんぱんに使われるようになりました。アダムの場合は、神に似せて造られた――被造物としての存在であることを忘れてはいけない、ということですね。

神の創造の意図は、ご自分に似せて造られた男と女を祝福して「産めよ、増えよ、地に満ちよ」ということでした。

現代では、放射能汚染から解放されるには十万年の歳月がかかるとか、現在の地球人口六〇億人が八〇億人になると必要な食糧が得られなくなるとか、地球の滅亡は確実にくるとか……科学的な見地からの発言が散見されるようになり、今さら創世神話など読み直しても、空しい、という思いのほうが強いかもしれません。

けれど、確かなことは、「今」を生きているわたしたちであることです。今生きているわたしたちとして、自分たちの〈いのち〉を見つめ直すということです。見つめ直す手がかりとして創世神話を読むのです。

アダムの系図はノアまでの一〇代で終わっています。一〇代にわたる人間それも一人の人間が八〇〇年も九〇〇年も生きているなかで、神が人を創ったことを悔いるほど、悪の力がはびこって、大洪水を起こす決断に至った、という記述（大洪水の記述は六章から）は、先ほど触れた現代の不安に通じるようです。神の創造の業は、祝福と裁きの両方を表現している、ということでしょう。それでも基本的に創造者の被造者への祝福がある、ということが、系図を連ねた記述にこめられた大きなメッセージと言うことができます。恐れてはならない。恐れることなく、命を生きよ、ということですね。もちろん、将来戦争が起きようがテロが発生しようが、人類滅亡の時が来ようが、自分が安泰であればいいと早ちりしないでください。今を生きるということは、過去を記憶し、未来へのビジョンをもっての「今」なのですから。

旧約の預言者たちは、このメッセージを継続し続けています。預言者の一人、第二イザヤは、国が滅び捕囚とされた地で過去と未来を見つめつつ語っています。

「恐れることはない、わたしはあなたと共にいる神。たじろぐな、わたしはあなたの神。勢いを与えてあなたを助け、わたしの救いの右の手であなたを支える」（イザヤ書四一章一〇節）

わたしたちが帰属している主イエスをかしらとする教会は、創造主の命への祝福を土台としています。

系図のなかの一人ひとりの寿命年数については、何人もの研究者が数え方の根拠となるものを探しましたが、考察の試みはいずれも失敗しています。素人考えで言うなら、アダムという人間の始祖からしばらくのあいだは、人間は長い寿命をもっていたのではないか、という単純な発想で、適当な年数を挙げていたのだろうと思います。（進化論説では、最初の人類ネアンデルタール人の寿命は、逆に短いですね。歴史的にはそちらのほうが正しいでしょう）ただ、アダムの系図のなかで一〇〇〇年生きた人はいません。一〇〇〇年はかなり長い年数ですから、古代人が想像することのできる長い時間数は一〇〇〇年、それ以上は永遠になる、という感覚があった、ということなのかもしれません。

何不自由なく生きられたエデンの園で禁断の木の実を食べてしまった人間アダムは有限の存在、死によって生を閉じることになったのであり、死を受けとめるよりほかない、というメッセージなのです。

死を招き入れてしまったアダムとエバに続く息子、カインとアベルは続いて、命のかげりがあることを象徴しているようです。理不尽にも兄カインに殺されてしまったはかないアベルの一生。兄カインは熟慮することなく神に自分を認めてもらえなかった怒り、ただただ嫉妬の情を起こして、弟を殺してしまう。その後の人間のありようを反映させているのでしょう。人生の悲劇は近しい者との間を引き裂くことから始まるものだということでしょうか。他者を殺してしまって、自分は生き残っていくことの現実は苦しみを招き寄せることになりました。いつ自分の命がねらわれることになるのかという恐怖、死の不安を抱えながらの人生です。
それが個人レベルで治まらずに、国単位での争いになっていることを思いめぐらさずにはおれません。殺し殺される不安は、今日、現代に至るまで続いている戦争の実態です。古代人がすでに見抜いていたことなのですね。そんな暗さを放つこの系図のなかで、それをくつがえすように明るい七代目の人物もあげられています。

二一節

エノクは六十五歳になったとき、メトシェラをもうけた。エノクは、メトシェラが生まれた後、三百年神と共に歩み、息子や娘をもうけた。エノクは三百六十五年生きた。エノクは神と共に歩み、神が取られたのでいなくなった。

エノクの寿命は、他の人たちに比べると格段に短いですね。その短い一生をエノクは神と共に生きたというのです。系図の編集者自身にぐっと引きつけて書いているということでしょうか。言葉としては短くても、長い長い原初の人々の記述に心が疲れを覚えて、ひと休み、という遊びごころが働いたのでしょうか。

三六五歳は、一年三六五日に符合します。人は一年ごとに区切りをつけて心を新たにしながら、生きる、自然と共生するなかで培われた古代人の知恵と言ってもいいでしょう。しかも旧約の古代人にとっては、その知恵は神から授けられると信じているわけですから、毎日、神と共に生きられることの安らかさ、喜びに導かれたものであったでしょう。

死が、神の審きとして始まったとしても、死に至るまでの日々は、平安と祝福に満たされることがあっていい、あってほしい、自分自身の一生は、ささやかながらも造られた命を全うして生きられる、という思いに導かれるなら、死はもはや虚無ではないし、罰でもない。神が地上での命の終わりをひそかに告げ知らせて、命の引き取りをしてくださる、ということを思いめぐらすことのできたひとときであったでしょう。

「エノクは神と共に歩み、神が取られたのでいなくなった」というこのフレーズは聖書を読む後の人たちに、天国のイメージ、死の恐怖からの解放、あるいは、神との関係性を指し示すものとして読みとられるようになりました。いずれにしても、創られた者の命は神のみ手のうちにおかれているという認識にもとづく生き方こそ、信じる者に与えられた福音です。

新約聖書に記述されている「永遠の命」「復活の命」は、旧約聖書の底流となっている創造主なる神が生きるものすべてに与えられた祝福を新たな言葉で表現している命のことです。わたしたち造られた人類、命の流れのなかにおかれている視点から困難な課題を突きつけられる時代社会のなかで、聖書に導かれつつ、一つ一つ解決への道を歩んで行きたいものです。

最後に、高齢者のミッションとは何かについて、隠退された山本将信牧師が、『信徒の友』七月号（二〇一四年）に寄稿された文章を紹介して、終わりにしたいと思います。

それは、週報にも記載しましたが、「若者が憧れる老人になる」というすてきな文書です。そろそろ個人の終末期の過ごし方を求めたいとの声も聞こえてきます。山本牧師の農業ざんまいの生活に倣うことはできなくても、生き方のヒントとして考えるには有効な提案だと思います。二〇一三年に隠退してすぐ、昨年の二月直腸ガンの手術を受けられ、お連れあいも六月に脳出血で倒れ、半身まひになりましたが、三カ月入院後、何とか歩行できるようになったとのことです。そんな体の状況なのに何という健全さ！　びっくりしました。

農作業に従事できる助っ人の呼びかけをフェイスブックでしたところ二三人も集まったそうです。都市住人が半数、地元住人が半数。カトリックなど諸教派のキリスト者が半数、キリスト教と関係ない人が半数という興味深い構成で、年齢のいちばん若い人は二〇代、交流を兼ねた昼食会では、自己紹介をしあって、お互いに興味津々たるものであったそうです。農地は、耕作放棄地五〇〇坪、ここでの生産物は、路上生活者への提供です。これは牧師在任中から一七年もパートナーを組んでいた友人によって届けられています。農業を通して人とつながることができている人ですね。おそらく、若い人たちが、それぞれの場でまた違った働きを引き継いでくれると信じているとのことです。そして彼は書き加えます。

このようなことを書き連ねると、「何かを成す」ことに価値があるように聞えかねませんが、私の場合はたまたま農業ざんまいの日々を助けてもらいながら過ごしているということです。高齢者の最後の任務は「助けてもらう」という受け身にあると考えている。喜ばせる者と喜ばせてもらう者とは、ボルトとナットのようにセットです。人間の絆はボルトとナットであって、与える人と受ける人とは、感謝というネジ山がネジ穴に合致していなければならない。与える人だけで、受ける人がいなかったらむなしいでしょう。ほんとに何もできなくなった時（病気に臥す日々）には、いさぎよく依存して「ありがとう」と喜ぶ人になる。これが高齢者に与えられているミッションなのです。どうです、これなら若者が「憧れる老人になれる」のではありませんか。

今日採り上げたアダムの系図を「命の流れのなかにおかれている一人の人間としてのあなたやわたし」という説教の具体的な一断面を見せていただけたようで、とてもうれしく、元気を与えられたように思いますが、いかがでしたか。

（二〇一五年六月二一日）

人間の存在理由を問う神話
――ノアの洪水物語

創世記九章一五～一七節

ノアの洪水物語は物語として有名ですし、現代においても洪水現象は多発しているわけですから、関心の高い物語です。子ども向けの聖書絵本では、ほかの箇所に抜きん出て、多くの作者が採り上げているんですね。みなさんの関心としては、どのようなところが記憶として残っているでしょう。

ある方が言われたことがあります。

自分が神さまに認めてもらえるほど、正しいかどうかは棚上げにして、主観的だけど神さまを愛していることだけは、はっきり言える。だから、わたしはノアと同じように箱舟に入れさせてもらえると思う人が多いんじゃないの。おぞましいことを企てる人はみんな滅ぼされるのは願ってもないこと。ノア洪水物語が人気一番の秘密はそんなところにあるんじゃないかなあ、と。

どうでしょうか。

物語は、六章～九章までと長いので、全部を読むことはみなさんにお任せしますが、二つの伝承資料が混じりあっていて混乱することがあるので、今日はポイントだけを司式者の方に読んでいただきました。

一つ目のポイント

六章五～八節

主は、地上に人の悪が増し、常に悪いことばかりを心に思い計っているのを御覧になって、地上に人を造ったことを後悔し、心を痛められた。主は言われた。「わたしは人を創造したが、これを地上からぬぐい去ろう。人だけでなく、家畜も這うものも空の鳥も。わたしはこれらを造ったことを後悔する」。しかし、ノアは主の好意を得た。

この神の言葉は、なかなかショッキングですね。「神が人を造ったことを後悔し、心痛め、すべて地上からぬぐい去ろう」と言われたことに。そんなことが許されるのだろうか、と信仰者はまず思うでしょう。神が悔やむということがあるのか。神とは横暴な方なのか。

全知全能の神と表現されてきたことは、うそいつわりであったのか。まるで、自らの失敗作を打ち壊す画家や陶芸家と同じようなことをするなんて、被造物は生きているものなのに……と。神とはいったい何者？という疑問が湧いてくるでしょうね。

そう思うのも、聖書の神は、人間のような不確かな存在ではない、というイメージが信仰者にとっては前提となっていると思うからです。聖書は、そのように記述しているところがあって、そちらを神の像のキーポイントにしているでしょう。たとえば、

神は人ではないから、偽ることはない。人の子ではないから、悔いることはない。言われたことを、なされないことがあろうか。告げられたことを、成就されないことがあろうか。（民数記二三章一九節、ほかにサムエル記上一五章二九節など）

キリスト教の教義も同じです。絶対他者としての神のイメージは、人間のように揺れ動いたりする神ではないというのが、おおかたの信仰者のもっているイメージでしょう。ところが、ここでは「悔いる神」です。創ったもののほとんどを葬り去らせたいと思う神です。神話のもっているおもしろいところです。人間のイメージを自由に羽ばたかせてくれるのが神話の特長の一つです。どう、神をイメージし直すか、読者に委ねられていると言ってもいいでしょう。

じつは、聖書の神は「悔やむ神」として表現されていることも少なくないんです。いえ、こちらのほうが多いでしょう。被造物なる人間は、創造者なる神の言葉に聴き従うか従わないかを選びとる者として造られたわけですが、創造の最初の人アダムからして、従わなかったと記されているでしょう。創造者なる神の期待に反して、人は、聴き従わないことを幾たびもくり返しています。そして、人間の歴史は、長い年月のなかでどうしようもないほどの悪しき状態をつくり出し、神ヤーウェの悔いる姿も何度でも記されているんですね。

ノア洪水物語は、神と人間との関係性の問題を端的に表現しているわけです。神の態度のショッキングな描写をすることによって、人間の歴史を省みることを主張していると言ってもいいのかもしれません。

具体的に言えば、絶え間ない人間どうしの争い、戦争にも思い及ぶでしょう。人間を治める王朝権力のすさまじさにも気づかされるでしょう。現在日本は王朝制度をとってはいませんが、七〇年前までは、天皇制――政治家が天皇を神に仕立てて、日本国民は天皇の赤子、天皇の臣民――として、国民は絶対服従の道を歩まされてきたわけですね。

このような「天皇＝神」という理解の仕方は、じつはノアの洪水物語にも先立って、記されているんです。六章（六章一～四節）はネフィリム巨人伝説が記されています。序章のような形で編纂されています。これは広くオリエント世界に古くから伝わってきている神話です。神の子らと人間の娘たちとの婚姻伝説です。ふつうの身の丈をもつ人間ではなくて巨人が存在していて、後に英雄となったり王としての地位をもつ者の起源とされてきた伝承です。英雄や王は、人間とはちがって「神のような存在」という理解です。

イスラエルは他国におくれて王朝制度を人々の要求によって採り入れることになりましたが、初代の王、サウル、続くダビデ、ソロモンらは、巨大な権力をもつに至りました。たとえば、サウルは次期の王と目されるダビデを亡き者にしようとねらい続けたり、ダビデは見染めた女性が家臣の妻であったためにその家臣が戦死するように仕向けたり、ソロモンは、七〇〇人もの女性を妻としています。いずれも歴史的にもほぼ事実と言えるようですが、ノア洪水物語の編集者は、その王朝権力を巨人伝説に結びつけて冒頭に記しました。ノア物語の「地上に人の悪が増した」ということの具体例としてイメージアップしているんですね。

言い換えれば、預言者サムエルの〝わたしたちは神のみを主とする〟という助言を退けて、自分たちにも他国のように直接支配してくれる王が欲しい、国家をもちたいと、王朝制度を採り入れたことへの、批判をこめている、とみてもいいでしょう。編集者は、ネフィリム伝説がすでに過去となっているように、王の権力行使も終わらせたい、という思いがあったのでしょう。

聖書の天地創造物語は、古代国家のシュメールやバビロンの文明・文化を批判しつつ独自のイスラエル文化（宗教・芸術・生活習慣）をつくり出してきたのですが、ノアの洪水物語は、自分たちの歴史を振りかえりつつ、その悪しき部分を克服していかねばならないところで採り上げられて、当時誰もが知っているノアの洪水物語の意味を見出そうとしているのです。「神話のもつ力」を掘り起こした、と言ってもいいでしょうね。

ノアの洪水物語はイスラエルの神との関係性のなかで、歴史に対する神の関与・介入を描き、罪悪の問題を知識のこととしてではなく、心の問題としています。知識の領域においてではなく、心の領域において、人間の罪悪が神の怒り・悲しみの原因として受けとめられている。そこが、子どもたちにも響くのでしょうね。知識のあるなしにかかわらず、文化・人種のちがいにかかわらず、地球に生を受けた者として、目覚めさせられるのだと思います。

神話的手法を採り入れていると言われる作家・村上春樹も「神話は、人間の集合的な潜在意識（人間誰もがもっている意識）を形にしたもの。神話と個人の物語は同じではないけれど、その動きは重なる部分が多いんです」（二〇一五・四・二八信濃毎日新聞）と語っているのを読んで、聖書を読むわたしたちと着目していることが同じだと思いました。

地震列島である日本では、今年（二〇一五年）も、台風による土砂崩れ、川の氾濫があり、御嶽山の大噴火、浅間山や白根山や箱根山の小規模噴火が起きています。これらはいずれも〝洪水〟現象と言ってもいいでしょう。そればかりでなく、大気汚染は温暖化のみならず、原発事故によって拡がり、動物・植物の生態系を変えてしまう暴力的な洪水と見なければならないでしょうね。

また情報洪水、競争洪水もありますね。そして放射能洪水です。

ノア物語の編集者ならずとも「神さま、地球世界の仕切り直しをしてください」と悲鳴をあげつつ神の言葉を求めているわたしたちであると思います。新約時代のパウロも「被造物がすべて今日《こんにち》まで、共にうめき、共に産みの苦しみを味わっている」（ローマの信徒への手紙八章二二節）と告白しています。

目を開き、耳を澄ますと、いつの時代もそれまで積み重ねてきた歴史の悪しき部分が人々を苦しめていたことに気づかされます。この気づきから現代の悪しき状態を考え、対策を立てるところに、かつて西ドイツのクリスチャン大統領ワイツゼッカーの「荒れ野の四〇年」演説（一九八五年）の言葉が生きてきますね。「あとになって過去を変えたり、起こらなかったことにするわけにはいきません。しかし過去に目を閉じる者は、結局のところ現在に対しても盲目となります」という言葉は、国家指導者だけでなく国家に帰属している一人ひとりが耳を傾けねばならないことです。ドイツ国民は、この言葉を共有して、国家を再生させました。

ところがわが安倍首相は人々を苦しめたことについては、一向に気づいてないように見受けられます。気づかないふりをしているようです。最近メディアに圧力をかけよ、と騒ぎを起こしている自民党議員も同じです。

わたしたち聖書を読む信仰者として、ノア洪水物語の伝承者や編集者の信仰をしっかり受け継いで、過去の悪しき状態を「神の審き」として受けとめねばならない、それを語り継いでいかねばならない。政治社会への批判をしていかねばならない。これがノアの洪水物語から聴きとることの一つです。信仰者としての能動性です。

それともう一つ。四〇日四〇夜（もう一つの資料は一五〇日）箱舟に入ったまま、水の上を漂い続ける。ようやく雨がやんで舟がアララト山の上に止まって、鳩を放ち外の様子をみること七日間。ついに二度目に放った鳩がくちばしにオリーブの葉をくわえて、ノアのもとへ帰ってくる。さらに七日待って放した鳩が舟に戻らなかったことから、台地が現われたことを知る。このくだりの筆使いはなかなか示唆的です。自力航行しえない箱舟は、信仰の受動的な側面を暗示しているように見えます。

先に、目を開き、耳を澄まして過去の悪しきことの記憶を掘り起こして、同じ過ちをくり返さないように意志するという積極的な面――信仰者としての能動性について思いめぐらしましたが、信仰者は、主に従うということが、時代の激流から避難し逃れること、漂いながら待つこともあるということを知らされます。出来事への無関心ゆえにただただ時間や出来事の流れ去るのを待つのではなくて、時が来るのを祈りながら待つこともあるのです。

信仰における能動性と受動性は、一人の人のうちに生じたりしますが、タイプとして分けられることもあるでしょう。教会内の人たちが二つに分けられることがあっても、それで教会がバラバラだと悲観するのは間違いです。補い合っている、ということを覚えるようにしましょう。自分とちがう見方をする人がいるのは当然です。そのちがいを知ろうとすることも当然ですが、意見のちがう人の足を引っ張ったり、非難したりすることは信仰から導き出されることではありません。教会に集められる一人ひとりとして、聖霊なる助け手を呼び求めているなら、です。

二つ目のポイント

八章二一〜二二節

主は宥めの香りをかいで、御心に言われた。「人に対して大地を呪うことは二度とすまい。人が心に思うことは、幼いときから悪いのだ。わたしは、この度したように生き物をことごとく打つことは、二度とすまい。地の続くかぎり、種蒔きも刈り入れも、寒さも暑さも、夏も冬も、昼も夜も、やむことはない。」

洪水は、人間の悪しき心のために起こされたのでしたが、神は、ご自分の行為を完全なものとは認められなかった、と物語の作者・伝承者は聴き取りました。神は人間をロボットとしてではなく、自由意志、主体的な判断力をもつ人格として創造された以上、神の期待は裏切られることがあっても当然です。文章の筆運びは、神ご自身が変えられねばならなかった、と。これは、後の教義学的なまとめ方にはそぐわない。物語を手に入れる人たちが一人ひとり考えねばならないことです。「神話の力」に出会うところです。

神の変化は、物語では、「宥めの香り」のゆえに生じた、と進みます。「主は宥めの香りをかいで、御心に言われた。『人に対して大地を呪うことは二度とすまい』」

ノアという名前は、和らげる、鎮める、慰めるという意味をもっている言葉です。ノアの捧げものは名前どおりに功を奏したのですね。箱舟そのものが暗示し続けていた神ヤーウェの救いの意志が、ノアの信仰行為によって応えられたのです。

別の言い方をすれば神ヤーウェは「人間の心」の「悪」にもかかわらず、ノア一人の行為を受けとめ、もはや二度と大地を呪うことはすまいと決心された神であり、人間の歴史に介入し続けている神の像を明らかにしている、ということです。

ノア物語に多くの人たちが関心を寄せるのは、ここらへんかもしれません。ノアとその家族と一対の諸動物以外はすべて滅亡。やり直しの地上世界の始まり。自分が舟に入れてもらえるか、ドキドキするような期待感をもたされるところに惹かれる。冒頭に紹介した人の思いは、ま、当たりと言えるでしょうか。それに加えて覚えておきましょう。人間ノアと神ヤーウェの関係性が物語の柱になっていることを。五章のアダムの系図のところで、「神と共に歩んだエノク」の具体例として六章のノア物語は続いているのです。ノアによって、エノクだけでなく、人類を救う道が拓かれたのです。

三つ目のポイント

九章一五～一七節

「わたしは、わたしとあなたたちならびにすべての生き物、すべて肉なるものとの間に立てた契約に心を留める。水が洪水となって、肉なるものをすべて滅ぼすことは決してない。雲の中に虹が現れると、わたしはそれを見て、神と地上のすべての生き物、すべて肉なるものとの間に立てた永遠の契約に心を留める」。神はノアに言われた。「これが、わたしと地上のすべて肉なるものとの間に立てた契約のしるしである。」

四〇日も続いた大洪水によっても人類滅亡とはならなかったという物語に、人は胸をなでおろします。どれほどの困難が押し寄せてくることがあっても立ち上がることができる、という福音（喜び）の物語です。今まで使い続けてきた聖書言語で言えば「神と人との契約」のしるしである「虹」という表記です。雨上がりの空にかかる美しい虹が、神と人間との関係性を想い起こさせる。それは、混乱する現代世界の秩序を生み出す意欲・希望を与えられるということにつながるでしょう。「神話の力」です。人種、民族、古代・現代の時空間を超えて、働きかけてくる神話は、歴史をつくり出していく、神と人間の物語だと言うことができます。

人間の罪と、人間の罪に対する神の審きと赦しを、すべて命あるものを自然とのかかわりにおいて救いを告げる視座が明確です。創造主と被造物との調和する世界を希望する視座です。

現代は、理性（科学的知識）において、出来事の是非を決める風潮が主流です。が、結論を得られない対立関係を突破できる道が「神話の力」に求められるのでは？と思います。新進気鋭の哲学者・古賀徹は、理性によって教義化する理念の対立が、暴力化（全体主義化）しているのが現代であると喝破しています。それを乗り越えていくには、「反省を手放さない」こと。若い人たちは、暴力的な理性に違和感をもち始めているようにみえる。「その感性を刷新し、感性と言葉、魂と理性の関係性を取り戻すことができれば希望はある」（二〇一四・三・二三信濃毎日新聞）と言います。この視座は、「神話の力」への視座に通じるものがあるでしょう。新旧約聖書は、歴史的記述とともに神話も多い。

この聖書を読み続けているわたしたちキリスト者の出番です。

（二〇一五年七月五日）

Ⅱ 信じる

大人が再発見すべきこと
――幼子のありのままの霊性

詩編第八編

今日は政府に対する失望・怒りの気持ちを鎮めて、一息つけるような箇所を選びました。子どもの誰もが、内に秘めている命の素晴らしさをうたいあげている詩編です。詩編八編は、お読みいただいておわかりいただけると思いますが、神の造られた無限大の宇宙に目を向け、塵にも等しい人間への神の顧みに対して、創造主を賛美している詩ですね。

表題に「指揮者によって、ギティトに合わせて。賛歌。ダビデの詩」とあります。ギティトというのは歌のリズムを示すものですが、集会の時に歌ったものでしょう。

歌の作者は、誰であるかはわかりません。少年ダビデ（後のダビデ王）をイメージして作られたのかもしれません。ギティトによって、と指定されているものに八一編と八四編があります。コーラスとソロの組み合わせになっているようです。

二節と最後の一〇節は、主語が〝わたしたち〟となっていて、この部分がコーラス。間の二節b～九節がソロ。〝わたしたち〟の部分を全員。二節b～三節を男性、四節～九節を女性の声でもう一度読んでみましょうか。

説教のポイントとして二節b～三節を採り上げ、テーマを「幼子のありのままの霊性」といたしました。詩歌の中心主題ではないのですが、子どもたちに関心を寄せていただきたいのでご了解ください。

二～三節

主よ、わたしたちの主よ
あなたの御名は、いかに力強く
全地に満ちていることでしょう。
天に輝くあなたの威光をたたえます
幼子《おさなご》、乳飲《ちの》み子の口によって。
あなたは刃向かう者に向かって砦を築き
報復する敵を絶ち滅ぼされます。

詩人がまず、神のみ名が全地に力強くひびきわたり、その栄光が天に輝くのを驚嘆します。信州人にとっては、共感するところではありませんか。北アルプスの涸沢《からさわ》で撮った写真の星空を見ましたら星数のあまりの多さにびっくりしました。美しい自然を見ていると、目に見えない何者かが、この自然を保持していると思わずにはおれないでしょう。

たぶん、詩人は、自分自身ばかり見つめている人に空を見よ、大地を見よ、山々を見よ。この自然界の不思議に心を向けたら、身辺の悩みごとは小さくなりはしないか、と言っているようです。登山家の人たちがよく口にしている言葉と同じですね。ただ、その偉大さを創造主なる神に帰しているところがちがうかもしれません。詩人が、自然界の素晴らしさを見ながら、すぐに神のみ名（ヤーウェ）を想い起こすのは、天地創造の第一声「光あれ」が鳴りひびいているということでしょうか。そして自然を通して迫りくる神の栄光（威光）をもっとも強く感受できるのは、幼子や乳児ではないかと思いめぐらします。

余談になりますが、最近ロシアのタイガの森に住む母子の物語、「アナスタシア・響きわたるシベリア杉」シリーズ４巻（邦訳はここまでで11巻続く）を興味深く読みました。作者は、ウラジーミル・メグレという人ですが、森に住むアナスタシアの話を聞いて、その話を伝えるために本にしたということになっています。人間は造られてからこの方、文明を切り開いて、本当の人間性を失ってしまっている、今、原始の森、言ってみればアダムとエバの住んでいたエデンの園を新たに求め造り出していくべきだと言っているようです。

国家ではなく、森に囲まれた草原を自分の場所にしていくという意味での国造り。アナスタシアと著者のウラジーミルの間に生まれた赤ん坊は、今メス熊に育てられているというような、動物と人間の共生の住み家を描いている。そこでは、造り主の霊がすべての生きものの内に注がれ、その霊によって命が育まれている、という原初の世界を紡ぎだしています。すごい人気のようです。

詩編に戻ります。幼子たちは、タイガの森の赤ん坊と同じように、自然科学や人生哲学も知らない。けれども神の声を聞きとりうる能力をもっている、とウラジーミルに先がけてすでに詩人が捉えていることに感動するのです。幼子にそのようなイメージを広げられる詩人の感性は、時代を超えて、今のわたしたちにも受け継がれているのだと思うと楽しくなりますね。幼子や乳児がその感受性を言葉にしているわけではありません。幼子たちの澄んだ目の中に、仕草の中にそれを読みとるのは大人です。幼子たちの遊びの中にそれを見出すのも大人です。大人の側からそれを言葉にすると、他者、動物であれ、昆虫であれ、植物であれ、命をもつ他者への信頼、ゼッタイ的と言ってもいい信頼でしょう。そしてわたしたちの誰もが幼児期を経てきているのです。誰もが幼子の時にもっていたその能力を想い起こし、よみがえらせることができるのです。

イエスの子どもへの眼差しを想い出します。イエスの一行が最後の一週間をエルサレムで過ごした時の最初の出来事です。イエスたちのエルサレム入城を見た人々は「ロバの子に乗った平和の王」として歓呼して迎え入れました。が、引き続くイエスの行動に度肝を抜かれます。神殿の境内《けいだい》に入ったイエスは、いきなり商売人の台をひっくり返し、彼らを神殿から追い出す行為に出たとき、状況を察知した大人たちは「平和の王」の入場を歓呼した態度を豹変させます。イエスが怒りを込めて「わたしの家は、すべての国の人の祈りの家と呼ばれるべきである。ところが、あなたたちはそれを強盗の巣にしてしまった」（マルコ福音書一一章一七節）と預言者イザヤの言葉を引用しつつ、祭司と商売人の利を貪る現実を指摘した言葉を大人たちは聞き分けられなかった。散り散りにその場から離れていきました。が、子どもたちはちがいました。引き続き「平和の王イエスさま、ダビデの子にホサナ」と叫びながら、神殿の境内を走りまわっていました。大人たちが予想したように祭司たちが出てきて、イエスを非難します。イエスを殺そうとの決意を秘めつつ、です。「子どもたちが何と言っているか、聞こえるか」と。

イエスは答えました。「聞こえる。あなたたちこそ『幼子や乳飲み子の口に、あなた（神）は賛美を歌わせた』という言葉をまだ読んだことがないのか」と（マタイ福音書二一章一六節）。イエスが、この子どもたちの賛美に励まされたのは、本質を見抜く目をもっている子どもたちを、しっかりと受けとめているからです。十字架への道行きが迫りくるなかで、イエスは子どもたちに希望を見出していたのです。弟子たちにはわかっていない、イエスの歩まねばならない道を、今イエスは子どもたちの姿に、心安らぐひとときをもったのです。

ちょっと余談になりますが、貧困地域や紛争中の集落の子どもたちを撮った写真には、悲惨な姿を写しとったものと、そんな過酷な状況にもかかわらず子どもたちの輝く笑顔を捉えている二とおりの写真がありますね。撮影するジャーナリストの視点のちがいなのでしょうけれど、わたしは、どちらかと言えば子どもたちの笑顔の写真に心を惹かれます。イエスは、子どもたちの笑顔を見つめて、魂に力を得たのであろうと思います。

さて三節の現行訳をすらっと読みますと「幼子、乳飲み子によって」は、「天の威光をたたえます」だけにかかっているように読んでしまいますが、原文では後続の言葉にもかかっています。わたしの恩師であった旧約学者・浅野順一は、次のように訳しています。「あなたは幼子・乳児の口により、砦を築いてあなたの仇にそなえられる。敵と復讐者とを沈黙させるためである」と。こちらのほうが三節の言葉の意味がわかりやすいでしょう。「仇」「敵」「復讐者」は、神の秩序を乱す者のことです。神の支配を受け入れようとしないで、自らを神であるかのように振るまう者のために、ヤーウェなる神は、子どもたちを「砦」として建てておられる、と表現したのです。素晴らしい発想ですね。

子どもたちの神へのまっすぐの信頼、子どもたちに注がれた神の霊そのままを表していることこそが砦だ、ということです。まさに先のイエスのおかれた状況にぴったりです。

信仰による知識、教養を身につけた人も宗教指導者たちも神のみ心を感受する子どもたちには、かなわない。大人は、状況によって信仰がゆらいでしまうこともありますが、幼子はゆるがない。ゆるぎのない砦のようだと詩人はうたうのです。

四～五節

あなたの天を、あなたの指の業を
わたしは仰ぎます。
月も、星も、あなたが配置なさったもの。
そのあなたが御心に留《と》めてくださるとは
人間は何ものなのでしょう。
人の子は何ものなのでしょう。
あなたが顧みてくださるとは。

詩人は、人が寝静まった夜、外に佇んでいるようです。独り、空の星、月を眺めながら宇宙の神秘に思いを馳せているようです。この広大な宇宙から見れば、人一人の存在は、ごくごく小さいものに過ぎない。なのに神は、この小さな存在に多大な関心を寄せて造られました。神はご自分にかたどって人間を造られた。意味するところは、形のことではなくて、霊的な類似性を指しているのでしょう。意志をもって自由に生きられるということです。よいこと悪いことを選びとって生きるものです。したがって責任をもつ存在だということですね。責任をもって生きる人間の在り方が今もなお、問いかけられていることをしきりに思うこの頃です。

詩人は、人間の現実に目を凝らしているときには人間の選びとってしまった愚かさ、酷さ、弱さ、はかなさに集中せざるを得なかったのですけれど、創造主より少し劣るものとして造られたことに思いを馳せたときに、子どもと同じように輝くような思いに変えられていく自分を発見しました。人間の生の根源は、「造られた方に似せて造られている」のだとあらためて思い返し、光栄な思いに満たされたのです。神のように完全ではなくても、神が造られたゆえに神のみ心に従って生きる、生かされる道をしっかり見つめるところに立たされたのです。

ふと思い出しました。中世の立派な会堂の壁に天使の絵を描いてほしいと頼まれた若い画家の話です。彼は、どのように天使を描いたらよいか思い悩み町に出かけます。路地裏で、楽しそうな笑い声を聞きつけて足を止めます。思わず子どもたちの遊びに引きこまれ、我を忘れて見ているうちに、天使のイメージが浮かんできました。無意識のうちにその子どもらの一人に声をかけていました。〝私の家に来てくれないか？　君のことを絵に描きたい〟と。それからその子の家を訪ね、親の許可を得ました。貧しい家でしたから、モデル料をもらえるなら、ということで話がつき、何日間かかけて絵ができ上がりました。天使の絵です。会堂の大きな壁にかかげられました。

その後、何十年も経って、今度は〝悪魔の絵を〟と要求されます。彼は、刑務所を訪ね、極悪人の入る鉄格子に囲まれた部屋を見て歩きます。ひときわ、悪のオーラを放っている人物に目をとめます。さっそく画帳を取り出して、素描を始めます。すると描き始めているうちに、悪のオーラが薄くなっていくのです。なぜ? と思って描くのをやめて、囚人をじっと見つめました。しばらくの沈黙の後に、囚人が静かに語りだしました。昔、子どものころ天使のモデルになったことがあった。が、大人になって、そのことをネタにして、悪事を働くようになった……と。画家は衝撃を受けて、茫然となります。その後、ようやく〝ありがとう〟と言って静かに去っていきました。「悪魔の絵」を描くことを断ろうとの思いが湧き上がってきたということです。

よい面悪い面をもつ人間を象徴的に表している話でした。そして、画家の最後の決断は〝悪魔〟を表現することではなく、人間の造られた根源を想い起こすことでした。

それが、ここで詩人が告白している、〝子どもと同じように輝く自分の発見〟ということだと思います。大人になって生じる〝心の変革〟です。子どもに与えられ、それをありのままに表していた霊性の取り戻しです。

詩人は、この霊性こそが、家畜やほかの動物、鳥や海の魚はもとより他者なる隣人への思いやりをもつことができるとき、

一〇節

主よ、わたしたちの主よ
あなたの御名は、いかに力強く
全地に満ちていることでしょう。

と心からの賛美を捧げることができたのです。

〈祈り〉

創造主なる神よ。
どうか詩人があなたを賛美する信仰の心をわたしたちにも与えてください。
今わたしたちの国では、政治家と国民の間の亀裂に直面しております。七〇年前の敗戦時に国民やアジアの人々を惨禍に追いやったことを反省して、時の政治家は「日本国は平和国家として再出発する」と議会で決意しました。占領国アメリカの憲法草案になかった「日本国民は、正義と秩序を基調とする国際平和を誠実に希求し……」という言葉を入

れて「武力の行使は、国際紛争を解決する手段としては、永久にこれを放棄する」という「平和憲法」九条を掲げました。

このたびの国会審議のありさまは、七〇年以前の戦争に明け暮れた時代への逆戻りを想起させるものでした。

どうかこの原点に立ち返ろうと意志する、多くの人々を力づけてください。わたしたち、あなたのみ心を求めて礼拝に参加している者たちも、共に「正義と秩序を基調とする国際平和を希求する」祈りを深め、具体的な筋道を歩みゆくことができますように。

〝シールズ〟の若者、奥田愛基さんが言った言葉に心を動かされました。「わたしたちは組織としてではなく運動でもなく個人として、国会前に来ています。議員の皆さん、孤独になって、個人として考えてください。孤独になって、考えを述べ行動を起こす、これが民主主義です」

どうか若者たちを祝福してください。ヤーウェ「わたしはある」と言われたあなたに応えてわたしたちも「わたしはある」と告白させてください。

平和の主なるイエス・キリストのみ名によって祈ります。アーメン。

（二〇一五年九月二〇日）

わたしたちに与えられた〈いのちの水〉
――霊と真理による礼拝の時

ヨハネによる福音書四章一～二六節

今日の箇所はイエスと女の対話のなかから生み出された「真理」への言及です。イエスがユダヤからサマリアを通ってガリラヤに行く旅の途中の出来事という場面設定になっています。サマリアは、ご承知のようにユダヤとの民族的な確執をもっている地域です。ユダヤからガリラヤに行くには、サマリアを通らないルートもあるのですが、イエスはあえてサマリアルートを選びました。

現在、中東の諸国がそれぞれ民族的独立を願って内紛状態を起こしている様をテレビの映像で見ますね。そんななかで、今までは仲良く隣どうしで暮らしていた人たちが敵、味方になってしまう。政治的に引き裂かれて一方が家を離れて行かねばならないとき、今は敵になってしまった隣の老人と子どもが倒れるのを目撃して、思わず助けにかけつける映像を見たことがありましたが、ふと今日の物語を読みなおしながら、その映像が心をよぎりました。

ユダヤ人イエスとサマリア人の女との出会いは、すでに暴力沙汰を起こすようなことは終わっているのですけれど、共通の過去をもっていた民族の歴史、引き離された現在、一つになりうる将来という筋道が物語を貫く一本の柱だと思います。そこからイエスの、そして著者ヨハネの意図を探ってみましょう。

イエスの一行が、サマリアを歩み、ヤコブの井戸と言われる広場に着いた時は、ちょうど正午の頃でした。朝夕なら水汲みの女たちで賑わうところですが、昼時には人気《ひとけ》のない静かな場所です。休憩をとるのに恰好の場所。弟子たちは食べ物を買いに町中に出かけ、イエスは一人安らいでおりました。

そこへ、思いがけず一人の女が水がめを抱えてやってきます。女の側から見ても人気のないつもりだったのに、一人の旅の男が座しているのを見て戸惑ったでしょう。チラッと旅人の様子を窺《うかが》うと、普段仲の悪いユダヤ人のようです。かかわり合いにならないように早く水汲みをすませてしまおうと思っているところに声をかけられます。「水を一杯飲ませてください」。女のほうは反射的に何でユダヤ人が、と反発心を表します。「ユダヤ人のあなたがなぜサマリアの女のわたしに、水を飲ませてくださいと言われるのですか」。たった一杯の水が欲しいという旅人にまっすぐ向かい合えない彼女。ユダヤ人とサマリア人の間の犬猿の仲がまるだしですね。気の強い女性だとも思いますが、民族間の対立感情の根深さと見たほうが当たっているでしょう。

民族と民族、国と国の折り合えない関係というものは、昔も今も変わりないんですね。中東やアフリカ、中国で民族問題のために殺し合いにまで発展する様を、遠く離れたところから見ていると、何と愚かなことだと思えても、当事者どうしにとっては抑え切れない感情があるのでしょう。わたしたちの国で在日朝鮮人と日本人との間には根強い対立感情があることを否めないとすれば、決して遠い国の出来事ではありません。どこの国でも多かれ少なかれ、民族的対立感情による問題を抱えています。先進国と言われる国々もかつては同じでした。そしてまた新たに原住民と言われる人たちの権利が主張されるようになり、裁判闘争が起きたりしています。沖縄やアイヌのことを考えれば、日本も例外ではありません。人類は、いまだに互いに話し合いによる解決を手に入れられない未熟さのなかにおかれています。

このような大きな問題がユダヤ人イエスとサマリア人女性の背後に横たわっていることを押さえて、物語をみていきましょう。

イエスはサマリア人女性の民族的対立感情を受け止めて、そこから抜け出すことのできる道をごく自然に提案します。

「もしあなたが、神の賜物を知っており、また、『水を飲ませてください』と言ったのがだれであるか知っていたならば、あなたの方からその人に頼み、その人はあなたに生きた水を与えたことであろう。」

言い換えれば、わたしは肉体の渇きを癒やす水を敵対関係にあるあなたに求めているわけだけれども、人間の渇きを満たせるのは、肉体だけではなく魂の渇きを満たすものでなければならないでしょう。わたしはそちらのほう、魂の渇きを満たす〈いのちの水〉をもっているよ。あなたはそのいのちの水を求めているのではないですか、との意味をこめて話されたんですね。

サマリアの女は、イエスの言葉の不思議さに気づいたようです。

「主よ、あなたはくむ物をお持ちでないし、井戸は深いのです。どこからその生きた水を手にお入れになるのですか。あなたは、わたしたちの父ヤコブよりも偉いのですか。ヤコブがこの井戸をわたしたちに与え、彼自身も、その子供や家畜も、この井戸から水を飲んだのです。」

サマリアの女性はあくまで、肉体の渇きを満たす水にこだわりながら、同時にヤコブの井戸は神から与えられたいのちの水であることを想いめぐらしているようです。

自然の水と目の前のユダヤ人が与えようとしているいのちの水。それがどのようにつながるかを尋ねようとしている女の心を見てとったイエスはさらに一歩話を進めます。

「この水を飲む者はだれでもまた渇く。しかし、わたしが与える水を飲む者は決して渇かない。わたしが与える水はその人の内で泉となり、永遠の命に至る水がわき出る。」

ここではっきりと、いのちの水はヤコブの井戸の深みにあるものではなくて、このわたしが与えるものなのだと宣言します。

女は、実際の生活の水にこだわりながら、そのこだわりを打ち砕いてほしいと願うかのように、

「主よ、渇くことがないように、また、ここにくみに来なくてもいいように、その水をください。」

と願い出るところに立たされました。言ってみれば、肉の現実と魂の現実とが交錯するところに立ったのです。ニコデモの場合とちがいます。新しい世界に踏み込んでいます。そこに立たされざるを得なかったのは、彼女の悩みが、観念的な思索によるものとはちがった生きるうえでの切実なものであったからではないでしょうか。

イエスは彼女の心のありように照準を当てて突然、会話の切り口を転換させます。

ズバリと彼女の現実の悩みのありどころを突きます。「あなたの夫をここに呼んで来なさい」。女は、もはやうろたえることもなく「夫はいません」と応じます。今まで、心ならずも何人もの男と暮らさねばならないような事情があったのでしょうか。それを人様にわかってもらうことが困難なので、町の女たちとのつきあいを避けていたのでしょう。イエスは、人気のない時を見はからって水を汲みに来たときから彼女の現状を察していたようです。察したからこそ、唐突とも思える〈いのちの水〉〈永遠に渇くことのないいのちの泉〉を欲していると洞察したのです。案の定、彼女はイエスの話に乗ってきました。

そして〈いのちの水〉に関心をもつ女の心の出どころが、男との関係性にあることを確かめました。イエスが「あなたには五人の夫がいたが、今連れ添っているのは夫ではない。あなたは、ありのままを言ったわけだ」と言われたのは、占い師よろしく離婚歴を言い当てたということではないでしょう。五人という人数はあてずっぽうに言ったのかもしれません。実際には、たった一人の人との対関係がうまくいっていないということであったのかもしれません。あるいは、ヨハネ特有の象徴言語なのかもしれません。そのほうが当たっていると思います。

何を象徴しているかと言えば、サマリアにはかつての北イスラエル王国が滅びたとき、戦勝国のアッシリアが五つの民族を移住させる政策をとりました。五民族の共存は、いろいろとトラブルを起こしたとも考えられます。五民族共存のなかでどの民族の神を信じればよいのかということが、サマリア人にとっての大きな悩みであったのではないでしょうか。というより、はっきり言って「五人の夫」云々は物語のドラマ性を高めるヨハネの文学的手法だと思います。サマリアの女が五人の夫ゆえに悩み深い人生を送っていることを言い当てられて、言い当てた旅人を預言者と確信するというのが表面的な筋書きです。言葉のやりとりによって、この旅人は本物の預言者にちがいないとみた彼女は、サマリア人としての最大の問題点を旅人なるイエスにぶっつけるということが、物語のクライマックスです。

「主よ、あなたは預言者だとお見受けします。わたしどもの先祖はこの山で礼拝しましたが、あなたがたは、礼拝すべき場所はエルサレムにあると言っています。」

この彼女の言葉は日常生活のなかでは決して表に出てこないものであったでしょう。ひょっとしたら、彼女の対の相手はちがう民族出身の人で神信仰も異なっていたのかもしれません。今は二人ともサマリア人としての生活習慣を共にしていて、ユダヤ人の純粋なヤーウェ信仰者から見れば、混淆宗教者のそしりを受けていることに、彼女は心の深いところで傷ついていたと見てもいいでしょう。その痛みを吐露することのできない苦しみこそが、町の女たちとのつきあいを避けさせるものであったのではないでしょうか。自分の信じる神はほんとうのところどんな方なのか。遠い先祖から受け継いできている神ヤーウェ、他民族が信じ続けてきた神バァール、あるいは天体を神としている人々、サマリア人の信頼を寄せる神がいかなる神であるのか、それぞれにちがった神へのイメージをもちながら、ゲリジム山に建てられた神殿での神礼拝はよしとされるのか……。

おそらく、言葉としては表現されることのなかった神信仰の実相を、旅人なるユダヤ人との対話のなかから抽《ひ》き出された女のありようは、当時父祖の箴言としていき渡っていた「女は多くを語るな」という常識に反するものでした。これは、次の段階で、買い物に出かけて戻ってきた男弟子たちの様子からも気づかされることです。男弟子たちはイエスと女の話し合いのただならぬ気迫に圧倒されています。伝統的にはありえないことだったからです。

このなりゆきは、女性の読み手にとっては看過できないところです。員数外とされてきた女たちの人格的な承認宣言にほかならないからです。イエスは女性の権利――真実を追求し、また証言する女性の信仰――神によって命を与えられている事実を明らかにされたのです。男性よりも遅れてその権利を認められた女性たちの言葉や行動は、男性たちが組織を作り、教義を作り、いつのまにか人間の自力世界に安住している過ちをあらわにする役割を担うことになりました。それは、主イエスの十字架の死を最後まで見届けた女弟子たちのありようを物語っています。組織や教義に依存する男弟子たちの脆《もろ》さをあらわにしたのです。しかも、彼女の問題意識は今日的な宗教問題（その多様性）にも通じるものです。

男性の註解者のほとんどは、このサマリアの女の内面葛藤を「五人の夫」との結婚問題に集中させています。それでは、この物語のクライマックスとなるイエスと女の神信仰問答の部分への進展が十分に説き明かされることにはならないのではありませんか。女性から男性に手渡したい女性の〝読み〟です。女性への蔑視は、二〇〇〇年来の教会の歴史のなかに引き継がれてきていると言わねばならないでしょう。

さて、サマリアの女の問いに対するイエスの答えをみましょう。

「婦人よ、わたし（の言うこと）を信じなさい。あなたがたが、この山でもエルサレムでもない所で、父を礼拝する時が来る。あなたがたは知らないものを礼拝しているが、わたしたちは知っている者を礼拝している。救いはユダヤ人から来るからだ。しかし、まことの礼拝をする者たちが、霊と真理をもって父を礼拝する時がくる。今がその時である。なぜなら、父はこのように礼拝する者を求めておられるからだ。神は霊である。だから、神を礼拝する者は、霊と真理をもって礼拝しなければならない。」

ちょっとコメントをつけます。「救いはユダヤ人から来るからだ」は、後の編集者によるものだとする学者は少なくありません。もう一つ、これはヨハネの特徴ですが神を「父」と呼ぶのは家父長制社会での用語ですから、父のほうが母より、神を言い表す呼び方として正しいという考えを「絶対」としないようにしましょう。

イエスは神礼拝の場所は固定的に捉えるべきではない、と言われます。正統性を誇るエルサレム神殿も、混淆宗教のそしりを免れないサマリア神殿も「霊と真理」による礼拝が求められているのです。他の福音書でイエスが「この神殿をこわして三日で建て直す」と言われているのと同じことです。この言葉のために十字架処刑が決定されたのですが、本来の宗教を、人間の作りだした宗教的枠組みから解放するものでした。

言い換えれば、神の啓示は、各地の神殿ではなく、神からこの世に遣わされた人間・イエスの言動にあるということです。イエスはたまたまユダヤ人でしたが、ユダヤ人であることに重きがおかれてはならないのです。わたしたち人間の側から言えば、たまたま神がみ心を人間に託して現すことを決意したのが、この時であり、あの場所であり、ユダヤ人イエスであったということなのです。神自身の自由な決断です。カイロス（神の時）。霊なる神が人間イエスに霊性を与えて、神の啓示者とされたのです。

旅人なるイエスとサマリアの女の問答はさらに続きます。

「わたしは、キリストと呼ばれるメシアが来られることは知っています。その方が来られるとき、わたしたちに一切のことを知らせてくださいます。」イエスは言われた。「それは、あなたと話をしているこのわたしである。」


共観福音書の女弟子たちがイエスの受難を男弟子たちよりも先に感受できたように、ここではユダヤ人から蔑視され続けてきたサマリアの女が、イエスのキリスト性の関与《あずか》ったのです。女性に代表される「小さくされた」（被差別者）すべての者たちこそが、イエス・キリストの出来事の真理を受け取る者とされたのです。イエス・キリストの出来事は、創造主に命の息を吹き込まれた者としての人間の復権です。「新しく生まれた」者としての人の再生です。

民族どうしの争いは、現代もなお続いておりますけれど、神のみ心は、これらの紛争が終わりになることを明示しています。人間の気づきを待っておられます。民族ごとに異なる宗教の多様性が、多様のままで一つになりうることへの希望が、人間の傲慢さを打ち砕いていく道筋であることをやがて認識できる知恵を、わたしたちは自ら生みだしていくことになるでしょう。霊と真理をもって神礼拝する時が今来ている、とのメッセージに促されてこそ、サマリアの女のように町の人たちと喜びを分かち合うことができる。話を広げて言うなら、生きている、生かされているところでのさまざまな重荷を共に負いうる者に変革されていく、ということにほかなりません。

余談になりますが信濃毎日新聞に連載されている「穂足のチカラ」という小説を途中から読みだしました。平凡な庶民の海野家に結婚前の女性が赤ん坊を産みます。男性との交渉なく誕生した赤ん坊は「穂足」と名付けられ、穂足に触れる人たちが、次々とエゴから解放され、調和のとれた人間に変えられていくんですね。そのなかのインテリの老人が事の真相を明らかにしていきます。それがキリスト教への批判となっているようです。二九二回目でこういう言葉が出てきます。「穂足くんは、これまでのどの救世主ともパターンが違う。キリストを送ったことで言語による思考の伝播に限界があることを全存在(神)は、すでに悟っています。穂足くんはこれまでにない救世主です」

言葉の宗教としてのキリスト教は、人類を救えない。民族間のエゴ、国家間のエゴを救えない、というわけです。「全存在なる神」は、すでに悟っている。梶尾真治という作者も混迷している地球世界に調和を求めて苦悩しているんですね。どういうふうに小説が展開されていくのかわかりませんが、少なくとも、言葉に依る「いのちのかたち」をもっているキリスト者として、言葉が実体化していく生き方を一緒に求めていきたいと思います。「サマリアの女」も含めて、変革された直弟子たちの生き方が私たち自身のものとなりますように。

「霊と真理をもって礼拝する時が来る。今がその時である。」

（二〇〇八年三月三〇日）

よし、わたしにもできる
――夢・幻に示された真実

使徒言行録一一章一～一八節

今日は、イエスの直弟子ペトロが異邦人（外国人）伝道を始めたところです。物語としておもしろいところなので、一〇章から読みましょう。朗読を四人の方にしていただきましょうか。

朗読＝一〇章一節～八節、九節～二三節、二四節～四三節、四四節～四八節

ガリラヤはイエスやペトロの時代から約七〇〇年前に北イスラエル王国がアッシリアに滅ぼされて以来、異邦人が多く住む地域となっていました。アッシリアの雑婚政策のためです。以来、帝国の支配が、アッシリア紀元前七二二年、新バビロニア五八七年、ペルシア五三八年に起こります。ペルシアは、ユダヤ人が国を形成することには反対だが、宗教

民族として立ち直ることを認め、五三八〜五一五年に捕囚を解放しました。それで、純粋な血統を誇る南ユダ王国以来のエルサレム地域の人たちは、国が滅びてから律法中心に再編されていました。ガリラヤ地域でユダヤ人として生きていた人たちが、ガンバってユダヤ人としての振るまいをもち続けようとしていたようです。混在する異邦人とはつきあわないようにしていました。ペトロはその一人だったのかもしれません。

が、イエスに弟子として選び出され、イエスと共に暮らすようになってから変わっていきます。今まで、タブーとされていた異邦人や徴税人、罪人呼ばわりをされていた人たちとの食事もイエスと一緒にできるようになりました。その他の清めの儀式、断食、安息日規定なども無視するなど、純粋を誇るユダヤ人意識から解放されていくんですね。

イエスは、ヨナ書やルツ記など「抵抗の文学」を聞き知っていたのでしょうか。ガリラヤの時代社会のなかで、ユダヤ選民意識をのりこえて、そこに生きているすべての人々との共存を目指しておりました。ペトロはそのイエスの自由な振るまいにまきこまれていったわけです。「伝道とは、自由の感染だ」と言われておりますが、イエスの弟子たちはイエスの自由さに感染したと言えるでしょう。とりわけ、抑圧されていた多くの女性たちは、男弟子たちが目を見張るほどのイエスの自由さを身につけました。

ところが、イエスの死後、ペトロはあの感染されていた自由な感覚が薄れ始めたのです。再び律法主義的なタブーがペトロの身体の内によみがえってきたようです。

今日の箇所より前、九章のところにペトロの地方巡回のことが記されています。復活のキリストを信じた人たちが、サウロ（後のパウロ）の迫害によってそれぞれの地域に散って行きましたが、散らされて行った人たちは、ユダヤ教にこだわりなくイエスの語った神を信じる道を示されて共感する人たちが、集まりをもち始めておりました。そんな状況の視察のための巡回だったのでしょう。

ステファノをはじめとするヘレニスト・キリスト者（ギリシア語を使って日常生活をしていた人たち）が、がちがちなユダヤ教徒から迫害されている時点では、エルサレムのキリスト教会では傍観していたのに、迫害をのりこえて、福音の実がみのり出すと、組織固めに動き出すというのは、いつの時代でも同じですね。何か新しいことが起こされる時点では、遠くからかかわり合わないように注意しながら、それが着地すると仲間に加わるというのは、ふつうの人間の処世術でもあるのだとは思います。エルサレム教会に所属する人たちも例外ではありませんでした。でも、イエスの福音を率先して伝える者としてのペトロが、そのようなありようを示すことにはいささか疑問を感じます。その疑問に応えるような物語が、みなさんに朗読していただいたところで明らかにされます。イエスの与えてくれた「自由の感染」への立ち返りです。

ともかく、新しいキリスト者の集まりの巡回にペトロは出かけました。ここで、「革なめし職人」のシモンの家に宿をとります。たまたまなのか、無意識のうちにイエスが泊まりそうな家を選んだのかわかりません。が、物語の入り口としては意味のあることです。なぜなら、革なめしを職とする人は、一般的にユダヤ社会では「汚れた人」と見なされていたからです。

ご存じと思いますが、日本の社会でも革なめし業は、江戸時代から被差別部落の専業とされていました。昔々二〇〇〇年前のユダヤ社会というより、人間社会にあって、よいとこ取りをする一般人の生活を支えるために、押し付けられていた動物解体作業であったわけです。

ペトロは、この人の家に泊まりました。彼のうちにあった「イエスの自由」がすっかり失われてしまったわけではなかったようです。たぶん、ステファノの殉教以来ずうっと、異邦人伝道を考えていたのでしょう。異邦人伝道に赴くときの大きなネックは、食事問題でした。イエスと一緒にいたときにはクリアーできていた事柄が、今はタブー感覚に支配されているペトロです。おそらく、無意識のうちに葛藤し続けていたペトロだったのでしょう。わたしたちの現実を映し出しているように思われますね。わたしたちも人を偏《かたよ》りみることのないイエスを素晴らしいと思いながら、野宿者やセクシャル・マイノリティ、いちじるしい障がいを負っている人に近寄らない。そんな自分を知って悩みを抱えることがあるでしょう。同じです。

ペトロは昼どき、多少の空腹を覚えながら、屋上にのぼって祈り始めました。夢うつつになります。すると、突然、天から大きな布が舞い降りてきます。布の中には、律法で禁止されている食べ物としての「生きもの」、生理的にも嫌悪感をおぼえるような「生きもの」が入っています。そして、「ペトロよ、身を起こし、屠《ほふ》って食べなさい」という声が聞こえてきたのです。ペトロは、思わず「主よ、とんでもないことです。清くない物、汚れた物は何一つ食べたことがありません」と拒否します。すると「神が清めた物を、清くないなどと、あなたは言ってはならない」との声を聞くのです。このやりとりが三回もくり返されたと書かれています。

ペトロならずとも、このペトロの見た夢・幻物語を読んでいくとき、自分に引きつけていろいろ思いめぐらされるのではありませんか。現在の教会のありようにも見直しを迫られるところです。ここで、ペトロには助け手が現れます。カイザリアに常駐しているローマの百人隊長コルネリウスの使いの者が訪ねて来ます。ペトロはようやく夢・幻の意味を了解します。

イエスの「神の国」伝道、福音を伝えねばならない人々がたくさんいる現実に向き合うことになりました。一民族の宗教を超えて、異邦人伝道への決意を促されたのです。ペトロは、あのペンテコステの経験を鮮明に想い出したでしょう。あのとき、弟子集団に降った聖霊の働きがまざまざとよみがえりました。いつのまにか、一定のキリスト者集団の保持運営に留まっていた精神に「活」を入れられたのです。コルネリウスを訪ねるために革なめし職人の家を出ました。

　イエスの弟子たちが復活のキリストとの出会いを証言し始めていた頃、ユダヤ人でありながら、それを信じる「キリスト者」を迫害していたサウロ（パウロ）は、十字架につけられたままのイエスの幻に出会って、一八〇度の転換をすることになりました。幻のイエス・キリストは「わたしは、あなたを異邦人伝道のために選ぶ器とする」と、使徒言行録九章はそのいきさつを物語っています。パウロにとっては、異邦人伝道は、彼の生まれ育った地で培われた教養、キャラクターからみてもふさわしい。律法主義と福音のちがいを明確に打ち出すことが可能です。おそらくパウロ自身が、自分のおかれている状況への気づきを与えられたということなのでしょう。

　が、ペトロにとっては、異邦人伝道は、先に見てきたようなペトロの状況からすれば、大変であったろうと想像するに難《かた》くありません。

　わたしたち日本人は、どちらかと言えば、ペトロ的な体質かもしれません。ペトロのような強いユダヤ教徒としての資質とはちがいますが、日本人として無自覚的ではありながら、精神や心に影響を受けている宗教性、そこから出てくる常識というものがあります。たとえば「和」を尊んで自分の意見をはっきり述べることを控える。それは一面から言えば日本人としての良さでもあります。が、それにとらわれてキリスト教を前面に打ち出すことへのためらいを覚えてしまう気質があるのではありませんか。

ペトロと同じように、主イエスの福音を生かし切れない、かすかながらも、しこりのような悩みを抱えてきているると思います。が、ここでのペトロは、そのもやもやした思いが夢・幻によって取り除かれます。夢・幻は、ペトロへの神の啓示でした。「よし、わたしにもできる」という確信が、ローマ軍百人隊長コルネリウスを訪問することに立ち上がらせたのですね。

聖書には、夢・幻が啓示となる物語が、少なくありません。夢・幻による霊的な読みとり聞きとりが、信仰表現となっています。霊性は身分の高い低い、教養のあるなしには関係ありません。イエスの誕生物語のなかでは一介の平凡な女と男であったマリアとヨセフが夢の導きによって、神からの啓示を受けたことは、キリスト者であるわたしたちがよく承知していることですね。

ユダヤ教・キリスト教の特徴は「言《ことば》」にあるといわれております。夢・幻は神秘主義に走ってしまう、ということを理由にそれを退けようとするのが神学者の傾向です。たしかに言としての書物が正典とされてきたところに、消滅してしまわなかった宗教としての特質があるでしょう。神に選ばれ、「啓示者」として顕れたイエスという実在の人物によってだけ、神を知ることができる、というのがキリスト教の立場です。しかし、聖書には他の宗教がもっている神秘性、夢・幻の記事も少なくない。それを否定することはできません。

現代の心理学・精神分析学者で著名なフロイトやユングによれば、わたしたちが夢で気づきを起こされるのは、ほとんどの場合、何らかの抑圧や願望によってなのだと言われております。意識としてはまだはっきりと認識されないことが、無意識のうちに断片的に示されることを拾い上げて、精神分析を試みていく学問です。ですから、夢は突飛もない、また、たわいないものではなく、「わたしがわたしであること」を見出す重要な手がかりだということです。わたしをわたしたらしめないところの抑圧を探し出し、ひそかな願望を掘り起こすことのようです。

さて、ペトロは、夢に導かれて、ローマの百人隊長の家に出向きました。革なめし職人と寝食を共にしながら、自分が夢で告げられたことの真実を伝えます。

「神はわたしに、どんな人をも清くない者とか、汚れている者とか言ってはならないと、お示しになりました。それで、お招きを受けたとき、すぐ来たのです。」

と言ってから、イエスの死と復活についての話をしたのち、それを受け入れた人たちに洗礼を授けました。洗礼は、初代教会の頃には、異邦人の人たちのためになされたのです。こうして、ペトロの異邦人伝道が開始されたのでした。民族の間の壁、言葉のちがい、宗教・文化のちがいを超えて、創造主のみ心がイエスによって始められた神の国伝道が継続されたのです。

余談になりますが、わたしの夢・幻についての話を一つだけ加えさせていただきます。今から五〇年も前のことです。大学に入学したばかりの教会の青年・和田昇くんが山行トレーニングに参加して、上級生からのシゴキに遭い、帰宅後三日にして亡くなったのです。「全身打撲による肺水腫」でした。青年の兄姉・友人たちが、当該の大学に出かけて全学の学生に向かって「トレーニングは正しくなされねばならない」とそれぞれに訴えました。

教会の仲間たちは開拓教会のボランティアとして活躍していた彼の死を「一粒の麦、地に落ちて死なずば、唯一つにて在らん、もし死なば、多くの果を結ぶべし」（ヨハネ福音書一二章二四節）の聖書の言葉に導かれて、怒り・悲しみを収めました。彼の殺された事件によってイエスの十字架上の苦しみを身近に実感することになったのです。

それから四〇年近くも経ってから、わたしは復活した彼と再会しました。夢・幻のうちにでした。

二〇〇三年のある日、こんな夢を見ました。

わたしは森の散策に出かけます。緑のシャワーを浴びながらそぞろ歩きをしておりましたら、不思議な樹に出会います。すくっと立つ幹に横枝が左右に延びているのに葉が一枚もありません。しばらく見とれていると、ふいに、人の声が聞こえます。

「不思議な樹ですね。二〇〇〇年も前からあるんですよ」

うしろを振り向くと、若い青年が懐かしそうな顔をして立っています。わたしは慌てて、もう一度、不思議な樹を見ます。すると、木の根元に色とりどりの花が咲き乱れているではありませんか。はくさんふうろ、まつむしそう、いわかがみ、やなぎらん、しなのきんばい、ちしまぎきょう、くろゆり、……そして、にりんそうがびっしりと広がっています。わたしは思わずスケッチブックを取り出して、

「ふしぎな十字の樹
二〇〇〇年前から立っている
根元には花がいっぱい」

と記してから花たちを描こうとすると、文字が消えてしまいます。もう一度、描き直します。と、また消えてしまう……

「どうして？」青年を振りかえりました。が、彼の姿も消えています。わたしは茫然としばらく立ち続けてから、「そうだ、描き残さなくても憶えていればいいんだわ」とつぶやいているとき、したたる緑の合間を縫って天からの声が聞こえて来ました。

「わたしは、これからも、ここに立ち続けている」

そこで夢から覚めたのです。

夢をなぞりながら、あの若い青年は、復活した和田昇くんであったのだと気づき、心が

震えました。主イエスと共に復活している彼、十字の樹の根元に咲き乱れていた花たちは、今は、天のふるさとに帰った信仰の仲間たちのなした業なのだ。「わたしの根につながっている者は、この世において、さまざまな花を咲かせている」と、イエスの言葉を心のうちに聴きとったのです。

後日も復活の和田くんに助けられ、支えられる夢を二度も見ています。主イエスが和田くんの姿をとおして、わたしにイエス「復活」のリアリティを感受させてくれたのだ、と思わずにはおれません。

イエスの復活は誰にもわかるような客観的なものではありません。生前のイエスを想い起こす者たち、また、彼らの証言を受け入れた人たちにだけ現れたのです。そして、復活のイエスとの出会いを経験した者たちが伝道に立ち上がらせられたのです。

ところで、現代のキリスト者にとって、イエスの神の国伝道はどのように展開されているのかということを考えてみましょう。まず、伝道・宣教ということについて、現代ではどのような理解が前提となっているかを確認いたします。

一つはペトロと同じように、誰であっても分け隔てなく、イエスのみ名を知らせる活動が伝道・宣教といわれる。二つには、社会を福音化していく活動のことを伝道・宣教と理解する、ということが挙げられます。

日本のキリスト教人口は一パーセントを切っています。徹底して一つ目の活動に視点をおくことが主流になります。二つ目のほうは、クリスチャン・非クリスチャンにかかわらず、社会が、イエス・キリストの望まれた共存の社会を目指して共働していく活動に視点がおかれます。もちろん、どちらか一つだけということではなく、軸足のおき方のちがいですね。

わたしとしては、ペトロの啓示の内容〝神は清い物と清くない物を分け隔てなさらない〟という言葉を今日的に受けとるなら、ペトロのおかれていた状況――ユダヤ人と異邦人という二極を立てての枠組みよりも、もっと大きな広がりをもったものとして捉えたいと思います。二つ目の意味での宣教活動です。イエスの目指した神の国への福音に向かう行動です。

特に、日本の政治社会は、この一四日（二〇一五年五月）に、日米安保条約強化路線のもとに、自衛隊の海外出動の限界を取り除き、武力攻撃事態法案として一〇に及ぶ現憲法を超える法案が閣議決定され、太平洋戦争後七〇年を経た今、大きな転換期を迎えています。九条改変の外堀を埋めていく作業を「積極的平和主義」という言葉を使いながら、矢つぎ早に法案を作りました。

片や憲法九条を変えるべきではないという平和希求を主張する人たちは、夢に過ぎないのかと、慨嘆することになるのでしょうか。「不戦国家」宣言は叶わぬ夢として消えていくのでしょうか。

この場合の夢は、すでに無意識下の願望が意志化されたもの、ビジョン・歴史を踏まえた理念として多くの人に共有されています。日本のみならず、世界にとっての平和への道の追求路線です。戦争も辞さない積極的平和主義などという政策ではなく、戦争にかかわらないことを国是とする日本のありようこそが平和の礎になるとの信念をもって、国家政策に抗い続けられるか、と「夢見る人たち」の存在が問われています。

やがて日本においても、夢を意識下の底に封じこめていく人が一人二人と増えていくことになるのでしょうか。すでにメディアの動きのなかでは、「心変わり」が始まっているようです。

わたしたちキリスト者にとって消えることのない夢・幻は「神の国」の片鱗をイエスの実践として見せられている、誰もが共に食卓を囲むことができる世界を目指して生きることです。アフガンで活動している医師・中村哲さんのように。彼は「命を愛する」ためには、医療活動を超えて、井戸掘り、用水路作りを、アフガンの人たちが生きていけるように、と働いている。「天・共にあり」というイエス・キリストを信じる信仰を貫いております。

イエスの行動を継続していく。目標にもしながら、「平和を創り出す」者としての歩みを続けていくよりほかないと思います。かつて、主イエスの夢を封じこめて、人を殺し、殺されることを辞さない国家政策に加担してしまった日本基督教団諸教会の過ちを、くり返すことのないよう心していきたい。平和憲法を実践していく努力を、キリスト者こそ率先していかなければならないのではありませんか。

「これらのことを話したのは、あなたがたがわたしによって平和を得るためである。あなたがたには世で苦難がある。しかし、勇気を出しなさい。わたしは既に世に勝っている。」（ヨハネ福音書一六章三三節）

「主の霊のおられるところに自由があります。」（Ⅱコリント三章一七節）

（二〇一五年五月一七日）

「わたしを束ねないで」の願い
——バルメン宣言第一項

ヨハネによる福音書一〇章一〜一九節

　きょうは日本基督教団の世界聖餐日です。一〇年前に採り上げましたものを、辞任する前にもう一度お話しさせていただきます。世界聖餐日としてもふさわしいと思います。

　バルメン宣言というのは、一九三四年、ドイツのバルメンで福音主義教会がドイツのヒトラー政権下に信仰告白として公に発表されたものです。この宣言を今採り上げたいと思った理由は、たびたび触れてきておりますように、今日本政府が軍事国家推進政策を進めているとき、わたしたちキリスト者としての立場をしっかりわきまえておく手がかりになると考えたからです。

　ドイツのヒトラー政権の残虐さは、第二次世界大戦中、六〇〇万人ものユダヤ人ホロコースト（皆殺し）を実行したことで誰もが承知していることでしょう。ヒトラーがドイツの首相に就任したのは一九三三年（わたしの生まれた年）です。前年には、強烈な民族主義を掲げたナチス党が、第一党になっていたんですね。その党首がヒトラーです。ドイツでは、キリスト教が国の宗教ですから、いきおいキリスト者も、「ドイツ・キリスト者」（ナチスに協力する教会）として再編され始めたのです。ナチスに迎合する「ドイツ・キリスト者」がだんだんと増えだしました。

かつての日本も同じです。同じというより日本の場合は、キリスト者はごくごく少数でした。外国の教派伝道によって生まれた小さな教会ばかりですから、国は宗教対策上、キリスト教を一つにまとめたかったわけです。で、宗教団体法による「日本基督教団」が誕生しました。三三教派の合同でした。したがって当時の国体であった「天皇制国家」の一団体として誕生と同時に位置づけられたわけですから、教団の方針は「皇国（天皇国家）の道に従いて信仰に徹し、各々その分を尽くして皇運（天皇の歩まれる道）を扶翼し奉るべし」だったのです。礼拝のはじめに宮城の方を向いて拝礼したり、鐘は供出させられたり、大東亜共栄圏（東アジアの植民地）への宣撫班を牧師たちは、積極的に担当しました。国家に抵抗する思想が育っていなかったのです。ドイツとは事情がだいぶちがっていますね。

ドイツのキリスト教会では、当然のことながらヒトラーの政策に抵抗するキリスト者も少なくなく、それぞれの教会やキリスト教関係の諸団体のなかで話し合いが進められ、それらの代表者が一つところ（バルメン・ゲマルケ教会）に集まって宣言をつくりあげました。「ドイツ福音主義教会の今日の状況に対する神学的宣言」、略してバルメン宣言です。起草したのは、カール・バルトをはじめとする神学者ですが、宣言を生み出す働きをしたのは、名もない信徒を含めて、国家政策に迎合せず福音主義教会の伝統に立つ信仰者の群れでありました。このところが、今は日本のキリスト教会のなかで、一九六七年に発表された教団議長の「第二次大戦下の日本基督教団の責任についての告白」（戦争責任告白）を踏まえて教会形成をしているキリスト者と一致していると言ってもいいでしょう。

さてバルメン宣言には、前文と六項目にわたる主張が、聖書の言葉の引用とともに展開されております。その文言に解説を加え、宣言が出されて八〇年後の今日、その言葉が妥当であるかどうかにも想いをめぐらしながら読んでいきましょう。まず、前文をピックアップいたします。

ドイツ福音主義教会は、その一九三三年七月十一日の憲法前文に従えば、宗教改革から生まれた等しい権利を持って並存している諸告白教会の同盟である。……その際、我々を結合するものは、唯一にして聖なる普遍の使徒的教会のただ一人の主に対する信仰告白である。

我々は、この信仰告白の連帯性と同時にドイツ福音主義教会の一致が、極度の危険にさらされているという事実を、ドイツにおける全福音主義教会の前に、公に宣言する。それが脅かされているのは、ドイツ福音主義教会成立の最初の年に次第に明らかとなってきた、ドイツ・キリスト者という有力な教会的党派及びその党派によって支持されている教会当局の指導方式・行動方式による。……

我々がそれぞれの異なった信仰告白に対して忠実でありたいと願い、またいつまでも忠実でありたいと願うゆえにこそ、我々には沈黙が許されない。それは、共通の困窮と試練の一時代の中にあって、我々は一つの共通の言葉を語らしめられると信じるからである。……

我々は、教会を荒廃させ、そのことによってドイツ福音主義教会の一致をも破壊する「ドイツ・キリスト者」及び今日のドイツ教会当局の誤謬に直面して、次の福音主義的諸真理を告白する。

以上です。ご存じのとおり、ドイツのキリスト教はプロテスタントが主です。カトリックの目にある宗教権力の行使、「教会の外に救いなし」のスローガンのもとに、たとえば「贖宥状《しょくゆうじょう》（免罪符）」を発行して蓄財していく宗教指導者のあり方、その腐敗ぶりに立ち上がったルターらが、カトリック組織とは別の教会組織を作り上げていったのが一五一七年から始まった宗教改革でした（わたしたちの世代は一五一七年を「一《イチ》語《ゴ》否《イナ》」と暗記しました）。

新しい教会は、プロテスタント教会と呼ばれるようになりました。この諸教会が、前文のなかで確認されている「等しい権利を持って並存している」ということの意味です。

言うなれば、教会の民主化ですね。プロテスタント教会は、各個教会の成文化された信仰告白や成文化しないけれど教会員の話し合いをとおして積み上げられてきた軌道（塩尻アイオナ教会の場合は、週報掲載の「教会の由来」）に、「忠実でありたいと願うゆえにこそ、我々には沈黙が許されない」のです。

「ドイツ・キリスト者」の要求・主張は、各個別の教会方針や慣習を捨てて、ドイツ民族国家のなかで画一的に歩調を整えることの必要でした。ドイツ民族とは、純粋なアーリア人でなければならなかったのです。アーリア人であることの証明書さえ要求される状況でした。

戦中の日本でも、沖縄人《ウチナンチュ》から琉球語を捨てさせ、名前の呼び方を日本読みにさせる。朝鮮人には創氏改名を断行しました。沖縄人は、本土人以上に「天皇の赤子」認識が徹底され、天皇のために敵に恥をさらしてはならないとして、戦争終結を前にして、いわゆる「集団自決（強制死）」と言われる死に方を強要されました。

ドイツのプロテスタント諸教会をつなげるのは、前文の中にある「唯一にして、聖なる普遍の使徒的教会のただ一人の主に対する信仰告白」でした。たとえ言葉の表現としては、多少のちがいを見せるにしても、信仰の対象とする主は、イエス・キリスト。初代教会がローマ皇帝をキュリオス＝主として礼拝せよと強要されたときに「わたしたちの主は、イエス・キリスト」と告白したときから継承されてきている信仰です。使徒信条は、カトリック、プロテスタントがともに信仰の基盤としている信条です。この信条に沿った告白は、今も世界中のプロテスタント教会にも受け継がれているものです。ただし、内容についての解釈の変化はあります。

最近の日本では、聖書学の分野からの提起がなされて三〇年余り、初代教会以来伝承され続けてきた「イエス・キリストが主」というフレーズを「イエスはキリスト」、「イエスは主」という言葉におきかえて表現する傾向が生じています。イエスという一人の人間に徹底して注目し、イエスが当時のユダヤ社会の律法主義・原理主義と闘って十字架に追いやられたことに主眼をおいています。

神信仰が、律法や教義の遵守にすりかわってしまっていた当時の状況をえぐり出し、無条件の愛と赦しを与える神理解を示して十字架刑に追いやられたイエスの生き方こそが、神信仰に生きる者たちのあり方であり、その生き方を拓き示してくれたことにおいて、信仰者はイエスをキリスト、主として告白するということです。もっと平たくいえば、イエスははじめから「神の子」なのではなく、イエスの言動の背後に神を見ると言ったらいいでしょうか。あるいはイエスによって神を仰ぎ見ることを示されたと言ったほうがいいでしょうか。そのほうが真実に近い、という見方です。

つまりバルメン宣言の「唯一にして聖なる普遍の使徒的教会のただ一人の主」という信仰告白が、果たして、八〇年後の今日、字面だけの唱和でことたりるのか、現代の社会状況をどう見るのか、伝統的福音伝道者たちの言葉が硬直していないかという問いをもって、バルメン宣言に安易な同調をすることへの疑義をもって読まねばならない。いずれにせよ、十字架の死に至りついたイエスの生き方は何であったのか、イエスの生の実態をスポイル・台なしにしてしまう形で信仰告白をされてはならない、と。「イエスはキリスト、イエスは主」という表現にわたしも同感なのです。

ただ、注意深く信仰者への配慮をもちたいと思います。イエス在世当時、ユダヤ教に属する人々のなかにもイエスの指し示す神と、神からの愛と赦しを感受する人たちもいたにちがいないということです。初代教会の形成者たちが、旧約以来の贖罪という出来事にリアリティを感じて、イエスこそ贖罪者と告白し祭儀宗教との訣別をなしえたことも記憶しておくべきことです。ですから形のうえで旧約以来の贖罪信仰を継承しているからと言って、それがユダヤ教の原理主義への逆戻りと断じることはできないでしょう。大事なのは、聖書を担った人たちの信仰をどう読みとるかです。

バルメン宣言に結集したキリスト者は、「ドイツ・キリスト者」のヒトラーへの帰依・服従をNOとすることにおいて、福音に立ち得たことを、わたしたちも日本の社会のなかで受けとめたいと思います。「二人の主に兼ね仕えてはならない」というイエスの言葉を日常的に聞いている者にとって、一方の主が財産であったり、名誉や地位であったりすること以上に、生きることを丸ごと抑えこんでくる政治権力者を主・支配者として帰依したら教会は教会でなくなってしまいます。

「教会を荒廃」させてはならないことは、日本の場合も同じです。「ドイツ教会当局の誤謬（日本の場合は、思想・良心・信教の自由をおびやかす政策「九条改変をもくろむ方向性」）に直面して、次の福音主義的諸真理を告白する」ということです。

前文の話が長くなりましたが、次に第一項を採り上げましょう。まず、聖書の言葉が二箇所あげられています。一箇所は、ヨハネ一四章六節。二箇所目が一〇章九節です。

〈聖書〉

「わたしは道であり、真理であり、命である。わたしを通らなければ、だれも父のもとに行くことができない。」

「わたしは門である。わたしを通って入る者は救われる。」

〈告白〉

聖書において我々に証しされているイエス・キリストは、我々が聞くべき、また我々が生と死において信頼し服従すべき神の唯一の御言葉である。

教会がその宣教の源として、この神の唯一の御言葉のほかに、またそれと並んで、さらに他の出来事や力、現象や真理を、神の啓示として承認し得るとか、承認しなければならないなどという誤った教えを、我々は斥ける。

みなさんにとって、このような言葉の出し方は、なじみにくいかもしれませんが、この第一項目が、全項目の出発点、もしくは中心告白となっています。イエス・キリストのみを神の言葉とする。神は、ご自身をイエス・キリストにおいて啓示されたのだからということですね。これは、初代教会の人たちが告白した言葉にのっとっています。教派のちがいを超えて、受け入れられているものでしょう。

ヨハネ福音書の著者は、この中心的な告白をたとえの言葉で表現しているのでほっとしますね。いつものように聖書解釈を試みるということですから。

羊が囲いの入口を通って寝場所につくと、羊の見守り世話をする羊飼いは、羊と一緒に入口から入っていくのが当たり前のことです。そして羊が全部寝場所についたら、羊飼いは門のところに座を占めて、外からの侵入者を見張るのがふつうです。もしも入口を通らないで侵入する者があるとしたら、盗人であり強盗であるという描写は、当時の人々に、よくわかることであったでしょう。羊たちが、羊飼いの呼ぶ声を聞き分けるということもよくよく知っていることです。

では、羊とは誰か、盗人とは誰か、入口に座を占める羊飼いとは誰か、と、たとえ話を聞く人たちは思いめぐらすでしょう。羊とは、自分たち人間のことであり、盗人や強盗は、羊である自分たちを他の者に売り渡して儲けを企んでいる者であることはすぐに了解できることです。たとえば九歳になる子どもが、子ども礼拝でお話を聞いたなかで覚えている話はどれと聞かれて、この箇所だと答えました。「わたしは良い羊飼いである。良い羊飼いは羊のために命を捨てる」という言葉が好きだと。わかるんですね。

人間とイエスさまのことが羊と羊飼いにたとえられていることの意味を心でしっかり受けとめたのだと思います。盗人や強盗にたとえられる自分の利益のみを求める者あるいは自分の心を強引に摑もうとする力あるもの、それを言葉ではっきり表現できなくても何やらオソロシイと感じとって、イエスさまと一緒にいれば大丈夫と理解してのことだったでしょう。良い羊飼いと羊の関係性というものを子どもなりに了解できたのだと思います。イエスさまのたとえ話のもつ真理の普遍性ですね。

大人の水準で考えれば、ドイツの場合、盗人や強盗とはナチスのヒトラーとそのイデオロギーということになりますね。なぜドイツ人（アーリア人）以外の民族を劣等民族、抹殺すべき民族と考えるのか。また羊飼いが一匹ずつの安全を考えるというのに全体主義国家は、人々を束にしてしか考えない。人々を独裁者の信念の食い物にしようとしている。

一人ひとりの人間としての尊厳を認めない事態が生じていることに不安と怒りをもたずにはおれないということです。イエス・キリストから創造の主はあなたをかけがえのない命として造られたのだと身をもって知らされた者にとっては、です。

ところが、ナチスのイデオロギーが、輝かしいものとして受けとれる者もいるわけです。人間が羊なんかにたとえられるような素朴な子ども向けのお話より、優秀な民族と鼓舞されることのほうが快く思えるキリスト者もいるのです。子どもや障がいをもつ者、寄留者とごちゃごちゃと共生するより、すっきりした集団、知的な集団、一民族集団の一員であることのほうが生きがいをもてると考えるキリスト者もいるのです。多かれ少なかれ、そういう思いを生きるベースにしているキリスト者はおそらく、国を問わず、どの教会にも見出せるのでしょう。

今の日本の社会でも、うだつのあがらない弱々しい存在に味方するキリスト者ではなく、社会をリードし、国の栄光を担えるキリスト者であることを望む人たちがいるのです。そこに使命感をもつキリスト者もいるのです。かつてのブッシュ大統領を成り立たせたアメリカの信徒たちもその類《たぐ》いでしょう。

同じ信仰を与えられながら、表現や行動にあって生じるこの「ちがい」をどのように克服していけるかは、今日的にも大きな課題です。目をそらさずに立ち続けていきたい。

一人ひとりの〈いのち〉の尊厳を奪い、弱い人間の束として扱う戦争とファシズム——

その時代を少女として生きた戦後日本の女性詩人・新川和江の「わたしを束ねないで」という詩を忘れられません。一部を引用いたします。

わたしを束ねないで
あらせいとうの花のように
白い葱《ねぎ》のように
束ねないでください　わたしは稲穂
秋　大地が胸を焦がす
見渡すかぎりの金色《こんじき》の稲穂
……………
わたしを名付けないで
娘という名　妻という名
重々しい母という名でしつらえた座に
座りきりにさせないでください
わたしは風　りんごの木と
泉のありかを知っている風

いかがでしょうか。「上から目線」で束縛する力、レッテルを貼りつけて固定する力にあらがう女性の自由な〈いのち〉の躍動感があふれています。

一匹の弱くて小さい羊が、それでも自由に、あるがままに生きたい羊が、どのような羊飼いの率いる群れに加わればよいのか、というところでこの自由詩とバルメン宣言が、わたしのなかで重なってきます。

バルメン宣言の信仰告白は、羊を守り、羊のために命を捨てる羊飼いに目を注ぎ「わたしは門である、ここから入りなさい」と言われるイエスの言葉に固着します。創造主に従って生きる被造物の道筋こそが、人間にとっての真理なのです。イエスは、創造主の真理を開示し、民族・人種・階層身分の別なく、さらにはいまだ信仰とは無縁な人々も含めて、人々に信じることを可能にされたことにおいてキリスト・救い主なのです。

地上社会に生きる一人ひとりが、共に暮らしうる平和な世界に導き入れられることに希望をもって、そのように生きたイエスを主とし、主に従う道以外にないことをバルメンに集まったキリスト者は告白します。

わたしたちも、そのような意味を中身とする告白者の群れに加えていただきたいと思います。

（二〇一五年一〇月四日）

わたしたちが引き継ぐべき「生き方」

――湖辺《うみべ》のイエス、山上のイエス

マルコによる福音書三章七～一九節

イエスは弟子たちと共に湖の方へ立ち去られた。ガリラヤから来たおびただしい群衆が従った。また、ユダヤ、エルサレム、イドマヤ、ヨルダン川の向こう側、ティルスやシドンの辺りからもおびただしい群衆が、イエスのしておられることを残らず聞いて、そばに集まって来た。（七～八節）

湖辺《うみべ》のイエス

今日のところは、文章上から言いますと、著者マルコの編集部分ですが、イエスの伝道の様子を的確に述べているように思われます。

前段（七～一二節）は、イエスが当時の主流を占める宗教家との見解の相違を明らかにした後、ほっとひと息つくために、ガリラヤの湖辺に退かれたときの描写です。ガリラヤ湖周辺は、イエスの伝道活動の地でありつつ、同時に憩いの場でもあったようです。

マルコにとっては、自分たちのイエスはガリラヤの人なのだ、エルサレム（宗教家の拠点地）ではない、という実感をもてるところであったのでしょう。長い伝統をもつユダヤ教は、エルサレムを中心に発展してきました。今、現在でも、エルサレムは、イスラム教、ユダヤ教の聖地奪還の争いの場になっています。キリスト教も〝聖地旅行〟の企画の形で、一枚加わっているかもしれません。

イエス在世当時のユダヤ人は、エルサレム＝「神の平和」を意味するこの都を世界の中心として、神の国実現の終末を期待しておりました。旧約の詩編や、後期の文書には「終末の時には、神はエルサレムを恵み、世界中の諸民族が、エルサレムに礼拝に集まってくる」という思いを言葉にしたものがたびたび出てきます。ユダヤ人には、よく知れわたっていることでした。

そんなユダヤ人のごくふつうな意識、社会的雰囲気のなかで、マルコはイエスの伝道活動の場が、ガリラヤであったことを強く訴えたいのです。都からみれば辺境の地であったガリラヤ、それも異邦人の混在しているガリラヤ地域をイエスが活動拠点としたのが、大げさに言えば「宗教改革」であったとマルコは、見ているのではないでしょうか。

イエスが、辺境の地ガリラヤを主要な活動の場にしたからこそ、エルサレムの宗教家たちが信頼しなかったのであり、伝統的な信仰に生きる善良な市民もイエスを受け入れがたかったと言ってもいいのでしょう。

ガリラヤ湖畔を拠点として活動していたイエスを追いかけてきたおびただしい群衆という記述には、マルコの誇張もありますが、市民（ポリテース）ではなくて、群衆（オクロス）であったと強調されているようです。その群衆は、ガリラヤはもとより、ユダヤ、エルサレムだけでなく、地中海沿岸の町々、ヨルダン川の東にわたる広い地域から、「イエスのしておられることを残らず聞いて」おびただしい群衆として集まって来たということの強調が込められています。市民と呼ばれる人たちではなく、生活にゆとりのない人たちが、必死の思いで、イエスを求めているのだと、記さずにはおれない著者マルコでした。

これはたしかに当時の宗教社会の変革をもたらしたということになるでしょう。宗教が伝統的に固定されてしまうことは、いつの時代にもあるわけです。そのたびに、神から召し出された人が刷新をはかる、旧新約聖書に登場する預言者や証人者たちの言葉によって知らされていることです。イエスも最初はそのような、証言者たちの一人として歩み始められたのですね。

現代では、どうでしょう。イエスの始められた神と人との新しい創造の関係が受け継がれているでしょうか。

韓国の詩人で戯曲家の金芝河《キムジハ》の描いた『金冠のイエス』という作品があります。これは現代キリスト教への鋭い批判をわかりやすいストーリーを立てて、クリスチャンたちの心を呼び覚ました物語として語り継がれております。

広場に金冠をつけたイエスの立像が建てられています。その広場には、その日の労働を終えても、帰るべき宿のない人たちが集まってきています。ある日のことです。「わたしを助けてください」という声が聞こえてきます。人々は、仲間の誰かのつぶやきだと思って、探し出そうとしていると、もう一度声がします。見ると「金冠のイエス」が声を出していることに気づきます。「わたしの金冠をはずしてください。重くて動けないのです」。そこで労働者たちは金冠はずしに取りかかります。

ところが、その時、市の警備員がやってきて、「ドロボー！」と叫びます。労働者たちは、くもの子を散らすように逃げ出しました。「金冠のイエス」は再び動かないままの立像に戻ってしまった、という筋書きです。

当時の朴政権下で、異議を唱える人たちを政治犯として、大量に牢獄に送りこんでいた頃の作品です。金芝河の訴えは明瞭です。教会は何もしなくていいのか。イエスは、いつのまにか、信仰者たちに金冠をかぶされて、教会の中に閉じ込められている。イエスは群衆のなかに出ていきたいのに、ということでしょう。イエスは王座におられない。群衆の中におられる。

マルコがあちこちの村や町を歩きながら、イエスに出会った人たちの話を採録したとき、おそらく、金芝河が描いているようなイエスのイメージであったでしょう。ユダヤ教の中心であるエルサレム神殿を活歩するイエスではなくて、辺境のガリラヤ、日常生活の真っ只中にいるイエス。「おびただしい群衆が集まって来た」という表現で言い表したかったのは、そのようなことではなかったでしょうか。

イエスのもとでさまざまな悩みや病を癒やされ、解放された人々は「神殿」としての教会に戻ることのない人々でしょうけれど、癒やされたことによって現場に立つことができたと思います。元気に生きていこうとする力を与えられたと思います。それで十分なのだということです。

これは、現代の伝道者そして教会へのチャレンジではないかという思いをぬぐい去れないで、私は牧会者として歩んで来ています。

九〇年代後半からの日本基督教団執行部といくつかの教区は「伝道する教会」を標榜しています。日本総人口の一％どころか、それも切るような状況ですから、伝道のヴィジョンを掲げ、教団の〝一致団結〟を求めているわけです。一％クリスチャンの壁を突破したい思いを否定することはいたしませんが、しかし湖辺のイエスのもとに集まってきた人たちのイメージはどちらかと言えば、イエス自身が貧困や差別を受けている人であり、自分たちの仲間としてのイエスではなかったでしょうか。当時の人にとっては、神ヤーウェへの信仰を前提としているとは言え、信仰を基盤にしている社会がおかしくなっている。貧困や差別を強いているのはローマ帝国と手を組んでいる宗教家階級ではないか。このような社会状況に対するイエスの伝道は「神の国はあなたがたのただ中にある」を基本にして、支え合う生き方、創造主の秩序、神にかたどられて造られた人間、を取り戻す実践でした。

現代の教団の掲げる伝道第一とは、似ているようでちがうと言ってもいいでしょう。魂の目覚めを起こすのは、礼拝集中だけでは得られない、生きることを共にしようとする動きのなかで生じると言ってもいいでしょう。結果として、創造主との関係を求める人たちが起こされ、教会がその地にあって立ち続けるということではないか、と思うのです。神ご自身が人を選んで必要な限り教会を存続させられるのではないでしょうか。（小さい群れであってもそれを喜びましょう）

山上のイエス

二つ目の段落は山上のイエス。イエスがよく登られた山がどこの山であるかはわかりません。湖辺というときには、すぐにガリラヤ湖に面する町々、生活の場としてのイメージがありますが、山の場合はどうでしょう。聖書に出てくる山はシナイ山やヘルモン山、ゲリジム山が有名ですが、固有名をもたない山々はたびたび出てきます。言ってみれば、具体的な山々ではなく、抽象的な山、「聖なるところ」というイミで使われていることが多いようです。マタイの記している「山上の説教」とか三福音書に共通して記されている「山上における変貌」は、その典型的な例です。

先ほどの湖辺のイエスとは打って変わって、ここではイエスが山上で「十二弟子」をお立てになったという記事です。前段では、イエスを信じる人たちの拡散が中心でしたが、こちらは弟子としてとどまる吸引の図柄です。十二弟子というのはご承知のように実数ではなくて、抽象的な数字です。イスラエルの十二部族を表しているようです。福音書によって、弟子たちの名前が一致していないのはそのためです。実際には何十人かの弟子たちであったのでしょう。

で、弟子たちを立てたのは「自分のそばに置くため」、またイエスとともに「宣教と悪霊追放」の業を担うことができるようにするためであったと記されています。群衆のなかに出向いていく人々の養成です。「養成」というのはふさわしい言い方ではないかもしれません。イエスの本意は「わたしと一緒に」です。イエスは「宣教と悪霊追放の業」を独占すべきこととはなさらなかったのです。旧約の預言者にも弟子がいましたが、たいていは預言者一人が前面に立っています。が、イエスは、イエスと一緒に神のみ心を追求する者を立てられたのです。「わたし」ではなく「わたしたち」が「わたしたちの神」を仰ぎ、その神に従って生きることの表明です。この人たちのなかには女性が加えられていました。これも当時の社会のしきたりを踏み越えています。

「宣教」という日本語訳は「教え」を「宣べる」という字が当てられていますが少しちがうんですね。原語では「ケーリュッセン」、広く告げる、という意味です。イエスは、人々に対して、広くその主張をぶつけていった、ということなのです。

マルコによれば、イエスの主張はイエスの存在そのもののもっている意義です。イエスが存在全体をとおして主張していたのだという意味で使っているので、「教え」というと一部分というか、その人本人を離れても手渡しうるものになってしまいます。そうではなくて、マルコの伝えるイエスの宣教は、イエスの生き方なしに手渡しすることができないものなのです。「そばに置くため」はそのようなことを言っているのです。

イエスとの出会いを一言で言い表す言葉として、初代教会の人たちは、「福音」という言葉を使いました。ギリシア世界ではこの「ユーアンゲリオン」という言葉は「戦場から勝利を告げる」という意味で使われていましたが、クリスチャンは「人生の戦いに勝利を告げる」という意味で頻繁に使いました。日本語で使うときには「福音宣教」といったほうがわかりやすいでしょう。「イエス・キリストの教え」といったほうがもっとわかりやすいですけれど、これは使わないほうがよい、と思います。「教え」だけではなく「生き方」なのですから。

「悪霊追放」とは何かと言えば、「こだわり追放」と言ったらいいでしょうか。お金がないと生きていけない、能力がないと生きていけない、結婚していないから、子どもがないいから……際限もなく生きづらさの理由が出てきます。たしかに、お金がないと生きづらいことは事実です。が、そのこだわりをゼッタイ的にもってしまうなかで、こだわりから離れてみる、心のおきどころを変えて、別の道はないかと探してみる。たとえば困窮者支援センターに相談してみて、福祉課にかけあってみるとか、友だちや近所の人に支えてもらうことも。ということは、こだわりに呪縛されて固まってしまっていることとはちがうでしょう。多少の動きを試みることです。

悪霊にとりつかれるというのは、こだわりから一歩も動きだせない状態のことなのではないでしょうか。そのこだわりを解きほぐす関係をつけること、そのようなつきあいを、心をこめて試みることが「悪霊追放」の業なのであろうと思います。奇跡とみえることは結果として生じることなのです。イエスの数々の癒やしもそうです。心をこめて相手の痛みへのこだわりに全力を傾けること・力を出すことにおいて、イエスは突出していたのです。感動せずにはおれません。

湖辺のイエスのもとに集まってきた群衆が、たちどころに生活苦から抜け出せたり、貧困から解放され、無能力者から能力者に変わったということではなく、さまざまなことにとらわれて自らを嘆き、不満にこだわり続けていた状態から解放されたとき、変わりばえのない現場に帰っても、力ある者のように、不正に向かって意志表示ができる。あるいは、ささやかな支え合いに「ありがとう」の言葉をよみがえらせて生きることができたということなのだと思います。内なる魂の出来事としては神への賛美が生じざるを得ないでしょう。神にかたどられた人間の復権です。

山上のイエスは、イエスと直接出会うことのなかったわたしたちに対して、あたかも今、ここにイエスがいるかのように、あなたがたをそばに置いて、訓練するよ。わたしと同じように振るまえるように、霊なる働きができるようにするよ、と言われるのです。「山上」は、「教会」にほかなりません。教会に集められている者、ここに座しているわたしたちに、イエスは語りかけておられるのです。

（二〇一五年九月六日）

Ⅲ　祈る

人間の解放と平和への祈り

――神の足音を聴く

イザヤ書四〇章一～一一節

見よ、主なる神。
彼は力を帯びて来られ
御腕をもって統治される。
見よ、主のかち得られたものは御もとに従い
主の働きの実りは御前を進む。（一〇節）

今日からアドベント（待降節）に入ります。「主よ来たりませ」と祈り、救い主イエス・キリストの来られる場所を求める旅立ちの「時」です。

アドベント礼拝の初回は、第二イザヤはじめの章を採り上げ、神到来の足音を聴きとり、

祈りに導かれたいと思います。

イザヤ書は六六章ありますが三人のイザヤの語られたものが採録されています。四〇章から始まり五五章で終わる第二イザヤは、ユダヤ国家が新バビロニア帝国に滅ぼされて、多くのユダヤ人がバビロンに捕われて行きます。捕囚の地で、神から選び出された預言者エゼキエルに続いて、第二イザヤも神に召し出されます。

彼は捕囚の地で、精神的な苦悩を経験しておりました。が、時代の変わりゆく状況を察知します。バビロニアに代わってペルシアが勃興してくるのを見据えたとき、ヤーウェなる神の足音を聴きとりました。政治状況の変化を洞察して、そこに神の到来の足音を聴き分けたのです。捕囚の期は終わりに近づいている、と。

イザヤの心のうちに苦悶のときから解放される喜びが湧き上がってきます。高く広い空を見仰げると、天上で会議をしている天使たちの図柄が見えてきました。幻と言ってもいいでしょうし、想像力による希望の展開と言ってもいいでしょう。言葉は天の会議をしている人たちから始まります。

一節で「慰めよ、わたしの民を慰めよとあなたたちの神は言われる」と声を放っているのは天使です。

三節、六節の「呼びかけよ」と言うのも天使。

そして、いつのまにか、その天使の会議のなかに第二イザヤも加わっているんですね。天使の呼びかけに、第二イザヤは応えます。

「肉なる者は、皆草に等しい。永らえても、すべては野の花のようなもの。草は枯れ、花はしぼむ。主の風が吹きつけたのだ」

人間の限りある生を、悲観的に捉えているようでもあり、地中海沿岸を征覇した帝国の盛衰を吐露しているようでもあります。

天使は、第二イザヤの言葉を受けて、

「草は枯れ、花はしぼむが、わたしたちの神の言葉はとこしえに立つ」

と答えて、九～一一節は、召命を受けた第二イザヤが天使と一緒になって、シオン（エルサレムの詩的な呼び方）やユダ（今、廃墟となっている祖国の民）に「良い知らせ」を告げるように、語りかけます。文章の構文について簡単な手ほどきを申し上げましたが、もう一度、一～一一節までを読んでみましょう。旧約聖書学者左《さ》近《こん》淑《きよし》さんの私訳で読みます。

一節　「『慰めよ、慰めよ、わが民を』と君たちの神が繰り返している。

二節　語れ、エルサレムの心にしみいるまで、呼ばわるのだ、これに、その刑期（捕囚の苦しみ）は満了した、その罪科は償われた、と。すべての罪に倍するものを彼女（シオン）はヤーウェの手から受けたのだから」。

三節 呼ばわる 声がする
「荒野に 整えよ、ヤーウェの 道を。
砂漠に しけ、われわれの神の大路を。
四節 谷はすべて 盛り上がり、
山と 丘とは すべて しずむ。
でこぼこは 平らに なり、
起伏のある所は 平地に変る。

これからの旅に困難があってもヤーウェが共にいて導いてくださるから大丈夫だ、というのです。帰って行く道行きを比喩として語っています。

五節 ヤーウェの 栄光は こうして顕われ、
ひとはみな ともに 仰ぎ見る。
これこそ ヤーウェが 口を開いて語ったことだ」と。
六節 「宣べ伝えよ」という 声がする。
——しかし わたしは思う、
「何と宣べ伝えたらよいやら。

ひとはみな　草、その力はみな　野の　花のようだ。
七節　草は　枯れ、花はしぼむ。
ヤーウエの　息がそれに吹きつけるから」。――
（第二イザヤにはまだ信仰のゆらぎがある）
八節「たしかに　民は　草、
草は　枯れ、花は　しぼむ。
しかしわれわれの神の　ことばは
いつまでも　立ち続ける」。

イザヤは心のゆらぎを治めることができたようです。天使と一緒になって、捕囚の民や祖国の人に呼びかけの言葉を決めました。

九節　高い山に　登れ、
福音を伝える者ツィヨン（シオン）よ。
力いっぱい　声を　はりあげよ、
福音を伝える者　エルサレムよ。
声を　あげよ、恐れるな。

告げよ、ユダの　町々に、
一〇節「見よ、君たちの　神、
見よ、主　ヤーウェよ」と。
威力をもって　彼は来る、
み腕が代って　統治する。
見よ、彼（ヤーウェ）の労苦の報いがともにあり、
報酬が　み前にある。
一一節は、天上の会議から目を転じて祖国ユダの地を想い浮かべているのでしょうか。
ヤーウェなる神は、
一一節　羊飼いのように　群れを　飼い、
小羊を　集めては　み腕に抱き、
ふところに　かかえ、
母羊を　導く。
いかがでしょう。文章が少しなじみやすくなったでしょうか。

感じとっていただけたと思いますが、第二イザヤが苦しみのなかから、祈りによって得た神のみ心は「福音＝良い知らせ」でした。

もう少し詳しくイザヤの現実をみていきましょう、第二イザヤの現実は、まだ捕われの身です。他の多くの人たち・捕囚の民は、ヤーウェ信仰を捨てて、バビロニアの神マルドゥクに頼るようになっています。こちらのほうが現実を活性化してくれる、と。捕囚の人たちの心変わりも第二イザヤはやむを得ないと思っていました。自分たちの信仰が回復される時はいつか、と問う人があっても答えることができませんでした。

捕われの地での生活はすでに三〇年を過ぎています。異郷の地になじみ、生きながらえようとする人々がいてもそれは当然のことだと思えたのです。そう思いつつ、第二イザヤ自身は悶々とする心のありようをもち続けておりました。虚無的な思いを払拭することができないでおりました。「ひとはみな　草、その力はみな　野の花のようだ。草は枯れ、花はしぼむ。ヤーウェの息が　それに吹きつけるから」と。自然を美しいと思えないイザヤです。神ヤーウェの沈黙のなかにおかれている信仰の弱体化はいかんともしがたいと、思い続けていたのです。

（マタイ福音書にみられるイエスの自然の捉え方とちがいますね。イエスは草や花の美しさは朝だけ一日だけであっても、その命を神が装われたとみています）

が、しかし、イザヤは広く世界情勢を見渡して、帝国どうしの変化を予見したとき、神ヤーウェからの声を天上の会議のなかに聴き、悶々とした状態から脱出できました。祈りにおける希望に至りました。世界の政治的変化のなかに、神の赦しの働きとしてみる信仰の再生。神の言葉を預かっている人としての本領です。ほかの人たちにはいまだ見えず、聴こえない神のみ心を捉えることができたのです。

「『慰めよ、慰めよ、わが民を』と君たちの神が、繰り返している」という天上からのメッセージ。「慰め」というヘブル語は「深く息を吸いこむ」という意味の言葉です。わたしたちはつらく悲しいことがあると、知らずに溜息をつきますが、これは体が自己回復力を働かせることなんですね。息を大きく吐いて血流を促すわけですから溜息をついたほうがいい。溜息は慰めに通じている。溜息は知らずに出してしまう生理的なものですが、神からの「慰め」は、しっかりと意識して深呼吸をすることです。暗い状況のなかで、足を踏ん張って、目を上げて、もう一度自分を見直して生きようと意志することです。精神の営みです。ただやさしい言葉をかけることではない。気を紛らわせることではない。変革へと押し出す力をもつのが、聖書で語られる「慰め」です。

それが、九節以下にくり返されている「良い知らせ＝福音」です。まるで天使の言葉がイザヤの言葉になりかわっているようです。現状の変革にかかわる神の言葉としての「慰め」「福音」です。

第二イザヤは、捕囚民たちの嘆き、疑問、心変わりの現実を一身に受けとめて、苦闘し続けてきたときに、天来の声を聴いたのです。第二イザヤは立ち直り、神からの「召命」を受けとめて、捕囚の民はもとより、祖国に残された人々に力強く「高い山に登れ、福音を伝える者　力いっぱい声をはりあげよ」と語りかけるのです。「見よ、君たちの神、見よ、主ヤーウェよ」と。神は威力をもって荒れ果てた環境を造りかえる。ヤーウェなる神は羊飼いのように群れを導き、弱く小さな子羊たちをその腕に抱きかかえ、母羊を導かれる、と。そして、具体的にイザヤは、捕囚の終わりを告げるのです。人々の多様な考え方をヤーウェなる神によって一つの思いになれるところへと、導き始めるのです。

第二イザヤの宣教は、ほかの預言書に比べて際立って希望に満ちた言葉が語られていきます。旧約の福音書と呼ばれています。が、慰め・福音は多くの人に届かないまま、彼は捕囚の地で生涯を終えました。第二イザヤの亡きあと彼の洞察のとおりペルシア帝国が新バビロニア帝国に勝ち捕囚期が終わりました（BC五三八年）。第二イザヤの明るさは、希望に心を託し、そこから現実の暗さを乗り越えていくというものでした。

第二イザヤの聴きとった「福音」は神の赦しでした。

「その刑期は満了した。その罪科は償われた」それらすべては神自身の決断によるもの。わたしたちの失望、絶望的な思いを神自身が払いのけてくださるという「慰め・福音」を受け入れて立ち直ろう。神の勝利の足音に耳を澄まそう。そこにだけ、わたしたち自身の、ヤーウェ信仰者たちの生きゆく道がある、と語り続けていきます。捕囚の地のまっただなかで。
その一つの例として、四二章一～七節。第二イザヤのみならず、ヤーウェ信仰者すべてへの神の言葉として語っています。

しかし見よ、わたしの僕《しもべ》、わたしが支える者を。
わたしが選び、喜び迎える者を。
彼の上にわたしの霊は置かれ
彼は国々の裁きを導き出す。
彼は叫ばず、呼ばわらず、声を巷に響かせない。
傷ついた葦を折ることなく
暗くなってゆく灯心を消すことなく
裁きを導き出して、確かなものとする。
暗くなることも、傷つき果てることもない
この地に裁きを置くときまでは。
島々は彼の教えを待ち望む。

主である神はこう言われる。

神は天を創造して、これを広げ
地とそこに生ずるものを繰り広げ
その上に住む人々に息を与え
そこを歩く者に霊を与えられる。
主であるわたしは、恵みをもってあなたを呼び
あなたの手を取った。
民の契約、諸国の光として
あなたを形づくり、あなたを立てた。
見ることのできない目を開き
捕らわれ人をその枷から
闇に住む人をその牢獄から救い出すために。

わたしは、この箇所を正教師の按手を受けた時に読み上げ意志表示いたしました。伝道・牧会に携わるなかで、挫折しそうになるたびに、何度もここに立ち返っては、牧師としての道を歩んで来ました。

今また正直に言いますと、わたしたちの現在おかれている日本の状況、このたびの政府与党の独断専行のなりゆきに、どっと落ちこんでしまいました。おそらく「戦争をさせな

い」民意は、沖縄と同じように、苦闘を強いられるでしょう。野党の弱体化、選挙制度の仕組み、現状の枠組み内では「集団的自衛権」「特定秘密保護法」などなどに六〇％の反対意見が世論調査で示されても、大転換は生じないでしょう。悲観的な予測を免れません。

捕囚地在住の第二イザヤがヤーウェ信仰から離れる心、帝国の盛衰も〝草や花のようにはかないものだ〟と嘆き、虚無におそわれていたような状況が日本の現在にも重なります。敗戦とともに手に入れた「戦争放棄」を明記している平和憲法への心離れ、軍事力、経済力によって世界に進出していくことに全力を傾ける政権、強い日本であることへの欲求に傾斜する人々も少なくありません。彼らは憲法とはちがって「民あっての国ではなく、国あっての民」の観点に立っています。

世界的な状況をいえば、自称「イスラム国」はゼッタイ的な宗教の名を借りながら、じつは現実の経済格差を生み出している先進国の横暴さへの怒りを「テロ」という暴力で表出しています。パレスチナでのイスラエルの侵略作戦、尖閣諸島をめぐる日中の確執、各地における国内紛争などがあって、心苦しい限りです。

それでも、全世界レベルでの平和首長会議が昨年の松本での開催に続いて広島での会議に発展。全国八八自治体の首長らが参加した（長野県は一〇〇％）。国外は四三六自治体。裾野が広がっている。被爆から七〇年の長崎で開かれた科学者らの国際組織「バクウォッシュ会議」の世界会議は「長崎を最後の被爆地に」と訴え、核廃絶への合意が打ち出され、核兵器保有国に核廃絶を求める「長崎宣言」を発表しました。

イタリアの西岸近くの小さなサンマリノ共和国は、三世紀から独立していて、一九七四年に近代憲法を制定し、第一条に日本国憲法九条を掲げています。南米ウルグアイの大統領ムヒカの民衆と共に生きる実践、中米のコスタリカは、軍隊からの提案によって、軍隊排除を決定しています。その他共和国を名乗る二〇余の小国は軍隊をもっていない。ブータン王国は、国民の〝幸福度〟を基準に国づくりをしています。

これらの戦争放棄諸国の状況を視野におさめることは、第二イザヤが、世界の動きを見ながら神の言葉に与《あずか》ることができたことにつながるでしょうか。大国は小国に学ばねばならない時がきていると、わたしは思っています。創造主のみ心を受けとめたイエス・キリストの「神の国」宣教は普遍性をもっています。アニミズムも含めて、それぞれの宗教の根本に共通するものが「祈り」です。

わたしたちは、預言者たちをとおして教えられた地上世界の傲《おご》りへの執りなしの祈りとともに、イエスさまに教えられた「み心が天で行われるように地上でも行われますように」の祈りを深め、戦争を辞さないとする日本国の政策のなかで、諦めることなくめげることなく、平和への希望を言葉や行動に表していきましょう。


（二〇一五年一二月一三日）

サタンの誘惑に負けそうなとき

――あなたのために祈っているイエス

ルカによる福音書二二章三一～三四節

はじめに、先週七月六日の教会の出来事の報告をいたします。わたしが塩尻に来た最初から、一人娘を子ども礼拝に送り出してくださっていた方のことです。彼女は夫君といっしょにピースネット塩尻にも二〇〇二年以来加わってくださった方で、三日の日曜日に亡くなられたのです。教会でお別れ会をいたしました。

彼女は、わたしが相沢病院に入院していた三月末にご夫婦でお見舞いに見えたのですが、そのときの彼女の言葉が「牧師にわたしの葬式をお願いしたいのです。引き受けていただけますか」でした。その翌日から波田病院に入院され三カ月余りの闘病生活でした。子宮がん、胆のうがんの宣告を受けておられたのです。彼女は病気の重さを自覚しており、もしもの時のことを予想しての言葉であったと思います、同時に、わたしの病気が死に至る病でないこともわかってくださっていたわけです。

わたしは二度ほどしかお見舞いに伺えませんでしたが、病状の思わしくなくなった後半、Tさんが毎朝メールで逐一報告をしてくださっておりました。いよいよ死期が近づいていると思われた六月二六日（亡くなる一週間前の日曜日）にお見舞いに伺いました。二人だけでしばらくの時間を過ごしました。はじめのうちは手を握ったままお話しできる時を待ちました。沈黙を破って、わたしが問いかけました。

「お話ししたいことがあるんでしょ？」

彼女はうなずきました。またしばらく待ちました。言葉を口に出せないままです。そこで、わたしが、

「ひょっとしたら、あなたは今、死ぬことを考えたらいいのか、何としても生き抜かなくてはいけない、どちらを選んだらいいのか、と悩んでいるのではない？」と言いましたら、大きくうなずかれました。わたしは祈るような思いをこめて、

「自分で選ぼうとしなくてもいいのよ、わたしたちキリスト者は、神さまに呼びかけるのだけど、神さまって言わなくても、この世に命を誕生させ、やがて時が来たら命の終わりを与える、大いなる方、命を支配していてくださる方があることを信じられるでしょ？その方に身をゆだねればいいのよ」

彼女が大きくうなずかれたので、言葉を続けました。

「身をゆだねるって、自分では選ばなくてもいいってことなの。生かされることも命の終わりを与えられることも、大いなる方のお心に任せて、病床での一日一日を過ごせたらいちばんいいのではないかしら。きっと安らかになれると思うわ」

わたしはそれ以上のことは言わずに、手を握ってしばらく過ごしました。二〇分ぐらいだったでしょうか。彼女はその間、何度も何度もゆっくりうなずきながら言葉を反すうしているようでした。最後に「お祈りしていいですか」と言って短く祈ってから病室を出ました。

夫のＩさんと、葬式の相談をしました。彼は、「家族葬をしたい」ということで、すでにご親族に話をしておられたのですが、「それはできない、地域のしきたりに従ったものにすべきだ」という強い説得を受けて途方に暮れておられました。

わたしは、火葬場に行く前の一時間教会に立ち寄っていただいて地域の方々との〝お別れ会〟なら許してもらえるのでは？　と提案して、そのようになったのが六日の朝八時半―九時半まで、でした。

当日はお集まりくださる方々に、庭先の花をお持ちいただいて、ひつぎの中に手向けながら、ひとことずつでも言葉かけをしていただくことにしました。わたしたちは三〇人ぐらいの方を予想していたのです。午前早くにもかかわらず、七〇人近い人が集まりました。強烈にキリスト教葬式を拒まれたご親族の方も参加してくださいました。彼女と面識のあまりなかった教会の人たちにも何人かお願いして会場の準備をしていただき、バックミュージックとしてCD〈「鳥の詩（さえずり）」斎藤茂太監修〉を流し、時に大きく時に小さく流し続けていただきました。ありがとうございました。

亡くなられたMさんは中途視覚障がい者となられた方ですが、そのために障がい以前と以後のちがいをよくわきまえて、生まれながらの障がい者も、中途障がい者もふつうに社会生活ができるようにと心を砕き、積極的に発言や活動をしてこられました。運動スタイルではなく、人一人ずつを相手にして、共に生きられる社会を目指して、日常的な生活をしておられたので、お別れ会にたくさんの人が集まって来られたのでしょう。わたしもご厚意に与《あずか》った者の一人です。

わたしの体のことを気使って、ときどき、マッサージをしていただきました。「牧師を支えたいので、無料でマッサージをさせてください」とおっしゃられるので、お言葉に甘えました。マッサージを受けている間にいろいろな話を聞かせていただきました。彼女から教えられたことはたくさんあります。とりわけピースネットの会議のときなどは、人の発言をよく聞き、理解したうえで最後にはご自分の意見をはっきりおっしゃる。その的確さに、会議の進め方を教えてもらったと思います。五二歳の彼女の年齢からすれば、わたしたちは、もっともっとおつきあいをしていただきたかったとの思いは誰しもの心でした。

でも、それぞれ自由に何人かの方が思い出を語ってくださり、最後の方の言葉「Mさんは見えないのにいちばん物事の見えている方でした」が、わたしたちのこれからの生き方を指し示すものとして、お集まりのみなさんの心に刻まれたと思います。「見えないけど見える」。Mさんが見えなくなってもわたしたちには見える、で、いきましょうと。最後に教会員の讃美歌で、しめくくりをさせていただきました。

お別れ会の進め方はキリスト教式をとりませんでしたが、イエスのお心に従って行うことができたと思います。〝お別れ会〟に参加してよかった。こんなお別れ会があるんだ、心が落ち着きました、と何人もの方から言われました。ご親族の方からも心暖まる会でしたと。教会員の小林久子さんも朗読ボランティアの関係で親しくしておられましたので、ご自分からどうしても参加したいとおっしゃって、お見えになりました。緊張を強いられる集まりへの参加は退院後はじめてのことです。それで、その日に予定されていた久子さんのお宅での祈り会は中止にいたしました。

さて、聖書に入ります。今日の箇所は、イエスが受難する直前の話です。四つの福音書が重要な記事として採り上げています。ペトロがイエス一人だけの受難を否定したのに逆に、ペトロがイエスを「知らない」と言うだろうとイエスから予告されるところです。

三三～三四節　シモン（ペトロ）は「主よ、御一緒になら、牢に入っても死んでもよいと覚悟しております」と言った。イエスは言われた。「ペトロ、言っておくが、あなたは今日、鶏が鳴くまでに、三度わたしを知らないと言うだろう。」

この言葉を四つの福音書が記述しているのですが、その前にある、

三一～三二節「シモン、シモン、サタンはあなたがたを、小麦のようにふるいにかけることを神に願って聞き入れられた。しかし、わたしはあなたのために、信仰が無くならないように祈った。だから、あなたは立ち直ったら、兄弟たちを力づけてやりなさい。」

これは、ルカのみです。ルカは、人間の弱さというものに、ことのほか心を寄せています。知識人としての理念把握と現実との間に横たわる矛盾というものに彼自身が悩む姿がすけて見えます。ヨブの物語を熟読していたのではないかと想像してもまちがいないでしょう。ヨブ記で見出した、サタンの試みを神は許しておられる、ということが彼の悩みへの大きな解決の手がかりではなかったかと思います。サタンの介入という神話的な表現が、彼の人間理解を表すのに有効な言葉であったのでしょう。

サタンの誘惑ということを現代人であるわたしたちもよく使うと思いますが、それは、

誘惑に負けやすい人間の説明語として定着しておりますが、ルカの場合、もう少し深い意味でこの言葉を使っているようです。人間の霊的な闘いについてです。神が、サタンの人間への介入を許しているのはどういうことなのか、という問いを含んでいます。

たとえば、イエスが伝道者になる前に、荒野に入ってめい想のときをもったときに、イエスは「荒れ野の中を〝霊〟によって引き回され、四十日間、悪魔から誘惑を受けられた」と記し、イエスが悪魔の誘惑を退けおえると「悪魔はあらゆる誘惑を終えて、時が来るまでイエスを離れた」（ルカ福音書四章一三節）と記します。

七二人の弟子派遣の後、弟子たちの「お名前を使うと、悪霊さえもわたしたちに屈服します」という報告を受けた時に言われた「わたしは、サタンが稲妻のように天から落ちるのを見ていた」（ルカ福音書一〇章一七～一八節）というイエスの言葉は、イエス自身の「サタン体験」を踏まえているわけですね。

いずれにしても、サタンの誘惑は道徳的水準に留まってはおりません。神が創造された世界に生じた人間の出来事に対する、神ご自身の闘いです。イエスは神とサタンは対等の存在、二者択一できる同格のものではないことを明らかにしつつ、あなどりがたいサタンの力と闘う神を見据えていたのでした。理屈としては言葉の及ばない霊的な闘いは、神話的表現でしか表し得なかったのだと思います。「天から墜落するサタン」などと言うイエスの表現を、現代人は、イエスも古代人に過ぎなかったのか、と軽く片づけてしまうところでしょうけれど、当時の知識人としてのルカは、きっちりと受けとめ、イエスにならって神話的表現を用いているのです。神話的表現は古代においてはもとより、現代人であるわたしたちにとっても、未来への展望も含めて、現在苦闘しているものに深い思索を促すものであると、わたしは理解します。

そして、今日のところでは、イエスは、ご自分の内的な葛藤の経験を踏まえて、ペトロもまた同じ葛藤を経験するにちがいないと確信しながら、ペトロの否認予想を言葉にいたしました。ルカの拾い上げた伝承がなければ、ペトロへの否認予告はきびしいものとして受け取らざるを得ないほどのものです。ペトロのみならず、他の弟子にとっても、その後のキリスト信者にとっても、きつい響きをもって「悔い改め」の心を迫られるでしょう。

しかし、ここでのイエスの言葉からは軽やかな響きに裏打ちされた否認予告であることが伝わってきませんか。一般社会のなかでは、約束したことは守られねばならないルールがあります。決意したことは履行されねばならない道徳があります。神との関係性のなかではそうではない。人間性にからみついている罪・人間の罪性というものには神に許されたサタンの力が関係しているので、人間個人の力、自力では撃退できない。このサタンの力にルカは約束された聖霊の付与を対置させる、というのがルカの構想です。

ペトロおよび他の弟子たちも含めての「牢に入っても死んでもよい覚悟」、という人間の決心のぜい弱さをイエスは予見して「わたしはあなた（がた）のために、信仰が無くならないように祈った。だから、あなた（がた）は立ち直ったら、兄弟（姉妹）たちを力づけてやりなさい」と言われるのです。弟子たちのために、とりもなおさず、わたしたちのために、信仰がなくならないように祈っているイエスが、わたしたちにとっての頼みの綱・よりどころなのです。イエスの祈りによって支えられる弟子たち、わたしたちなのです。

わたしたちが、ペトロに劣らずダメ人間であることはよくよくわかっていることです。今度こそはと決心を新たにできたと思っても、その決心は瞬時のことであって、いつのまにか決心以前の状態に戻っている自分を何度となく見せつけられています。そればかりではなく自分の決心が長続きしないのはあの人が傷つくようなことを言ったからだと、他人のせいにしてしまうような性癖・くせをもっているのが人間なのです。気がついてみれば、自己正当化をくり返してしまうことが何度でもあると言わざるを得ないわたしたち人間なのです。サタンがほくそ笑むところでしょう。サタンには、自力では勝ちえないと思う人は、サタンに勝ち得たイエスの傘下に入るよりほかありません。

このところ、毎礼拝で歌っている「聞いてください」（アイオナ共同体賛美歌集）という祈りの歌は、そんなわたしたちの心を歌っているものです。

先日もたれた韓国人オンギャイ・コンサートにお誘いを受けて出向いたのですが、若い出演者たちが「神をほめたたえる歌」を、台所に立っている時にも、道を歩いている時にも学校にいる時にも、苦しい仕事に携わっている時にも、心のなかで口ずさんでください、というメッセージを晴れやかに語ってくださいました。

けれど東日本大震災以来、このところずうっとわたしの頭あるいは心のうちに流れるメロディは、アイオナ賛美歌の「聞いてください」なのです。メロディが体の中に流れ続けるなんて、音楽不得手のわたしにははじめてのことです。こんな時代にこそ、力強く神賛美を打ち出すべきかもしれませんのに。

イエスを知らないと、三度も口にしてしまったペトロは、悩みぬいた末に様変わりして人々に復活のイエスを宣教する人になりました。なのに、五〇年以上も牧師職についているわたしの心は、「神をほめたたえる歌」よりも、「聞いてください、わたしの祈りを　あなただけが救い主」(これが5番まで最初にリフレーンされます)。①今、あなたの愛をください　心は痛んでいます　②信じる心をください　世界は破れています　③今目覚めさせてください　知恵はつき果てています　④恵みで満たしてください　希望はついえています　⑤力を与えてください　み旨を選びとるため、という祈りの歌なのです。

伝道者失格なのかもしれないわたしに、証言をなしうることがあるとすれば、信仰がなくならないように主はわたしのために祈っていてくださる、という一事です。時折に、いやおうもなく立ち直りを与えられて、生と死のはざまで苦しみ続けている人に「命の源なる方に、この身をゆだねましょう」と口に出すことが許されます。サタンの霊によってではなく、聖霊によって立たされる時です。たいていの場合は、ひそかに祈っているだけの言葉ですが、聖霊ご自身の働きによって、相手にとって必要な言葉を口にすることができます。

神のみ心を伝えるため勇敢に伝道できる人、日常のたたずまいでしか信仰者であることを表せない人、その人その人に与えられている真実を証言できるように、「わたしは祈った。あなたは立ち直ったら仲間、友だちを力づけてやりなさい」と言われるイエス。ありのままの姿でわたしたちも伝道者たりうるのです。

祈ることは、人間だけにできることです。イエスが祈っていてくださることによって、わたしたちも祈りに導かれるのです。

今日、この箇所から聞きとったイエスからのメッセージです。

（二〇一一年七月一〇日）

おカネよりも大切なこと
——祈りつつ友をつくりなさい

ルカによる福音書一六章一～一三節

最近、田中正造の足尾銅山公害問題に関するいくつかの本を読みました。何となく知っているという方も多いでしょう。少し長めになりますが、紹介させてください。

田中正造は、一八四一年、現在の栃木県佐野市小中町生まれです。一八六八年が明治元年。それまでの幕藩体制から二〇数年かけて、近代天皇制と大日本帝国憲法のもとでの国会開設に至るわけですね。田中正造は一八九〇年第一回衆議院選挙に当選。満四八歳でした。その頃、渡良瀬川の大洪水が発生したため、被害調査にもとづいた意見書を議会に提出。かつて洪水は被害ばかりではなく、沃土を流してくるので、沿岸の民は恩恵を受けることにもなり、三年に一度くらいの割合で生じる洪水を、沿岸農・漁民は喜んで受容していたのです。

ところが、古河市兵衛《ふるかわいちべえ》が足尾銅山の経営を始めた頃から新しい鉱脈が発見されると、以後、驚異的な量の銅を産出し、鉱毒が渡良瀬川流域に流されるようになって、沿岸の住民生活に大きな支障を来たします。一八九一年より田中正造は鉱毒問題に取り組み、議会が開かれるたびに質問書や意見書を提出し続けます。一〇年間。政府と企業の癒着関係を断ち切ることを念願としましたが、政府は被害者救済よりも、近代日本の経済成長路線をとります。田中正造は致し方なく、六回も当選し続けた国会議員を辞職して、野に下り、被害民と一緒に活動を始めます。

農民は、たびたび決起して国会請願行動に立ち上がりますが、すべて拒絶され、果ては「暴徒」呼ばわりをされるようになって弾圧を受けます。一九〇一年一二月一〇日、正造は意を決して明治天皇に直訴を決意、決行しますが失敗に帰します。政府は狂人が馬車の前によろめいただけだとして、即日釈放されます。でも東京市中は大騒ぎになり、号外も配られ、直訴状の内容は広く知れ渡りました。翌年、請願農民と警官隊との衝突事件の公判で正造がアクビをしたことで、「官吏侮辱罪」の罪状を言い渡されて四一日間の入獄。この時、聖書を読むことに専念します。

解放されてから、政府が廃村策（貯水池造り）をとり、谷中村の村民を甘言や少しばかりの示談金を示して追い出しにかかります。その谷中村に正造は住みこんだのですが、初めのうちは、村民がなぜ怒らないのかと不信を抱きながら、何とか彼らを救出しようと東奔西走して、外部の支援者を募りますが、やがて彼は、自らの立ち位置の誤りに気づきます。自分の闘いは、識者として農民を保護指導しようとしているが、農民は、天地の本然に従って闘っているのだ、と思い至ったのです。政府のいかなる圧力にも屈せず残留し続ける一六家族一〇〇人余。住んでいる家を取り壊され引きずり出されても、移転しようとせず、掘っ立て小屋を建てては居座り続ける。彼らのただ一つの要求は、種を蒔きつけることでした。

我々は沃野を空しくすることがなければいい。蒔きつけを許してもらいたい。収穫はたとえ盗人来たりて盗むも可なり。禽獣来たりてもよし。種を蒔かざれば我々の飢えにとどまらず、盗人も禽獣もみな飢えん。ゆえに蒔きつけを許されれば幸いなり。

つまり、天がそういう力をもっているのを活かさなければ苦しい。ここを放り出すわけにはいかない。ここに生き続けて死んでいくことが残留民の本命とするところだという生き方に、正造は、イエスが語り、行っていたことと同じものを見たのですね。

正造は残留民の日々を「天国への道ぶしん」と名づけます。日本の地獄を一身に引き受けてそこに生きている。正造も彼らとともに地獄を突き抜ける道を歩んで行こう。天国への道ぶしんを始める、というのが、彼の至りついた生き方であったのです。

ほんとうに人間が生きるためにどうしても、必要なものを産み出す力は神によって与えられるもの。大地が神によって造られたものであることを無視して、法律の名において禁止するのは、神を畏れない行為なのだ。そのような行為こそが日本を滅ぼす。人民は法律上の奴隷たるべきではない。国家の力をもたない、自治的な一つの共同体をつくって、そのうえで国家を再建する。あるいは、将来人類の滅亡を免れるためには、ほんとうに天から与えられた地の力を十分に発揮するのを助ける位置に自分を据えることでしかない、というのが彼が生涯をかけてたどり着いた考えであり、行動であったということです。

最後は胃ガンを抱えながら、所有不動産を小中農教会に寄付する手続きをとる。活動資金調達のための行脚中、知人宅に倒れ込み一カ月の臥床。妻と木下尚江に看取られて永眠。一九一三年（大正二年）、九月四日。享年満七一。受洗に至らなかったのは、当時のキリスト教の聖書理解と社会的実践における深い断絶がためらわせたということのようです。当時の日本のキリスト教は正造に「授洗」するレベルに達していなかったのではないでしょうか。もしかしたら、今も？（以上、由井《ゆい》正臣《まさおみ》『田中正造』岩波新書による）

長々と田中正造についてお話しいたしました。じつは、今日採り上げるルカ福音書のこの箇所への適切な註解になっていると思えたからなのです。

ルカ福音書は、ほかの福音書に比べると「富」の問題にこだわっていると思います。イエスの言葉のうち、富や財産、所有物についての警告をこれほど多く伝えている福音書はルカだけです。マルコ福音書を下敷きにしている「種蒔き」のたとえ話の解説の部分にも「富や快楽」という言葉を加えています。

「茨の中に落ちたのは、御言葉を聞くが、途中で人生の思い煩いや富や快楽に覆いふさがれて、実を熟するまでにはいたらない人たちである。」

つまり、ルカは富のもたらす懸念を強調しているようです。それは、一四章の大宴会のたとえ、一五章の放蕩息子のたとえ、一六章の今日の箇所、続く金持ちとラザロのたとえ、一九章の徴税人ザアカイの物語など、独自の伝承を拾い上げているところによってわかります。いずれも富がどうしようもなく悪しきものに変質してしまうことが、一貫して問題意識になっていると読みとることができます。

経済的豊かさに恵まれていたらしいルカが、イエスから聞きとった強烈なメッセージは「神と富とに兼ね仕えることはできない」という真理だったのでしょうか。

この富が悪しき運用へと傾斜してしまう事実への警告は、今日的には、原発を推進する考え方にもつながりますね。田中正造の、政府と企業が結託して経済開発を何が何でも追求していく近代日本の政策のありようが、今日も「アベノミクス」で露わになっております。企業を重視して経済力を上げ、庶民の経済状況は決してよくならないのに、「景気回復」が喧伝され期待されます。庶民が「消費増税より金融資産課税」を要望しても、聞く耳をもたないようです。

もう一つ、おぼろげに思い出したことがあります。黒澤明監督の晩年の作品（一九九〇年）『夢』という映画です。オムニバス形式で八つの話（黒澤自身の見た夢）を旅人が見て歩く方法で全体をつないでおりました。狐の嫁入り、ひな祭り、水車の回る農村、鉦や太鼓を鳴らしながらの村人総出の楽しそうな葬式風景、情熱的なゴッホの絵などなど民話や文化の美しい映像の真ん中におかれていたのが、核戦争によって一切の街がなくなり、荒涼とした台地に残った裸の人間たち。あちこちに四、五人ずつ。彼らの食べ物は人間を食しながら生きのび角を生やしていく人間の映像にぞっとし、胸を突かれました。そのときには思い及ばなかったのですが、原発・核問題は結局のところ「人が人を喰っていく」という末路を描いたものであったのか、と思いめぐらしました。今さらながら原発問題の恐ろしさに新たな衝撃を受けました。田中正造が予感していた経済至上主義の「成れの果て」でもあります。

それでも人間の歴史に希望は残されているのだろうか、という重たい問いを抱えながら、今日の箇所に耳を傾けたいと思います。

不正を働いた管理人がほめられる

不正な管理人を神がほめたという、わたしたちの意表を突くたとえ話です。まず、文章をなぞってみましょう。

ある金持ちがいて、一人の管理人を置いていた。この管理人が主人の財産を浪費していると告げる者があった。金持ちの主人は、管理人を呼びつけて「お前についてこう聞いたが、どういうことなのだ。管理の明細を示しなさい。もうお前に管理は任せられない」と言います。

そこで管理人は考えます。「どうしたらいいだろう。主人はわたしから管理の仕事を取り上げるつもりだ。土方をするには力がない。物乞いするのは恥ずかしい。そうだ、何をすればいいかわかった。管理の仕事からはずされたときに、みんながわたしを家に迎えてくれるようにすればいい。」

そして管理人は主人に負債のある人たちを一人ずつ呼んで、最初の人に「うちの主人にどのくらい借りがありますか」と聞いた。その人が「油を一〇〇樽」と答えると、「これがその証文です。急いで五〇樽と書き換えなさい」と言います。続いて管理人は他の人に「あなたはどのくらい借りがありますか」と言い、その人が「小麦一〇〇袋」と答えると、「これがあなたの証文です。八〇袋と書き換えなさい」と言います。

主人は、不正を働いたこの管理人を、よい感性で対処したとほめた。「じつに、世間の人たちは仲間に対して、光の子（宗教者）たちよりもよい感性をもっている。それゆえ、言っておく。あなたは不正にまみれた富で、自分のために友だちをつくりなさい。富がなくなったとき、友だちが永遠の住み家に迎えてくれるだろう。」

ごくささいなことに誠実に対処する人は、大きなことにも対処し、ごくささいなことに不正を働く者は、大きなことにも不正を働くものだ。だから、不正にまみれた富について、あなたがたが誠実に対処しないなら、だれが本物の宝をあなたがたに委ねるだろうか。

家の使用人は誰も、二人の主人に仕えるわけにはいかない。一人を憎んでもう一人を大切にするとか、一人に傾倒してもう一人を見下すとかするものだ。あなたたちは、神に仕え、富にも仕えるというわけにはいかないのだ。

いかがでしょう。文意を汲み取っていただけたでしょうか。

このたとえ話は、この世の道徳的な水準で理解しようとすればワケがわからなくなってしまいますね。一つのヒントがあります。

伝道から帰った弟子たちの報告「主よ、お名前を使うと、悪霊さえもわたしたちに屈服します」と言うのを聞いたイエスは「わたしは、サタンが稲妻のように天から落ちるのを見ていた」(ルカ一〇章一七〜一八節)と語っているのですが、これは、この世の価値基準の呪縛(悪霊=思い込み)から、わたしたちは解放されている、ということを表現しているのでしょう。

発想の転換を

今日の箇所では、この世的に言えば、不正を働いた管理人が問題にされていません。帳簿をごまかす、ごまかさないということは、富を絶対とすることからの発想です。この世の常識です。常識という価値観を捨ててみてはどうか。この場合、大事なのは友だちをつくることだと言うのです。富そのものはどだい不正にまみれたものであり、命にとって大切なものは何なのかに心せよ。だから、お金のやりとりに心を奪われないように、その活用を考えねばならない、というわけです。

えっ?

では政治家とか実業家らが、富を活用して仲間を増やしたり、敵になる者をおとしめたり、殺したりすることもあり? と思ってしまうかもしれません。早とちりしないでください。

このたとえ話は、不正行為を現実社会において一般化、普遍化しているわけではありません。管理人も、主人に借財している他の者も同じ立場にある者として、富の問題を考えてごらんなさいと。富を蓄財する雇用主対搾取される雇われ人として、雇われている人どうしが知恵をしぼり支え合う話の構図が見えてきませんか。

　釜ヶ崎に住みこんでいる本田哲郎神父の『小さくされた人々のための福音』という新約聖書をわたしは好んで活用しているのですが、今日の私訳の箇所には疑問をもちました。彼は、一六章の総タイトルを「財産は神からの預かりもの」とし、小見出しを①「財産は貧しい人々の解放のために役立てよ」、②「富は不正にまみれたもの——真の友を得るために使え」と付けています。が、わたしとしては、このタイトルの付け方は、ルカの意図するところと少しちがうような気がします。

「財産は神からの預かりもの」というときには、富そのものは善きものという肯定感の響きがあります。肯定したうえでの賢い活用という点にウエイトが置かれています。そういう側面も現実にあることは認められます。が、ルカは、富というものはどうしようもなく不正にまみれていくものというところに注目しているのです。富への批判の目を促されているのはないでしょうか。そこにリアリティをおいて、イエスがこの世の価値観から自由になっている言説を受けとめている、とわたしは読みとりました。信仰と倫理がイコールになるとは限らない。正直な勤勉さが神の意に沿うこととはちがう、神の国の論理が示されているたとえ話だとわたしは理解するのです。

「貧しい者は幸いだ、神に祝福されている」という言葉や、この世から不幸とされている人々が神の食卓に招き入れられているというイエスの祝宴のたとえ話を掘り起こして伝えているのは、ルカ自身が、この世の価値観をイエスによって粉砕されてしまったという証言なのではないでしょうか。

とすれば、「富」を問題にするここでのテーマは「財産は神からの預かりもの」ではなくて、「財産＝富は不正にまみれたもの」とするほうが、ルカの意図、イエスの意図に近いような気がします。

友だちをつくることが生きる道

イエスは、「富は善きもの」とする経済社会の中で、分断されている人々を見据えている。結局のところ不正な管理人も、主人に借財している他の人々たちも同じく不幸な者どうしとして、神に覚えられている人たちなのだ。神は彼らを共に永遠の住まいに招いておられる。これは「祈り」のなかで、聖霊の働きによってしか発想できない。この世の価値基準を放り出して、神との関係性のなかで、生きる道を探し出すこと。彼らがそのことを自覚できるように、というのがイエスの伝えたい福音なのではないでしょうか。

イエスが不正な管理人の感性をほめたのは、ひょっとしたら、神信仰をもっている「光の子たち」が、知らない間に自分たちだけが神に招かれているという優越感に浸《ひた》っていることを暗にいましめているのかもしれません。もっとはっきり言えば、神学を丸のみにして教条的・形式的な信仰に陥ってしまう、人間のどうしようもない「傲慢＝罪」を指摘されているのかもしれません。信仰者は、罪を告白し赦しを受けて新しい人生を歩み出した自分を絶えず問い直さねばならない。

信仰が新鮮であり続けられるのは、自分たちの過ちを自覚し合い、ともにそこから抜け出す道を探し出すことです。それは聖霊の働きによってのみ可能です。福音の喜びに心も体も息づくことを願ってのイエスのメッセージです。ドギモを抜くようなパンチ力をもったたとえ話だと、わたしは思いました。

冒頭にお話しした田中正造の足尾銅山の鉱毒問題や、今日の原発問題の恐ろしさに気づくことができるのも、不正の富を追求してやまない人間のありようの結果を身に受けた人たちによってです。自然の摂理を壊されたことを一身に引き受けた谷中村の人たち。また空に、海に、大地にばらまかれた死の灰の恐ろしさに心底おびえている人たちによって人間の本然＝命の大切さに気づくことができた人たち。「不正にまみれた富」と引き換えに、苦しみつつも「まっとうな生き方」を求めるその人たちの友だちになりなさい。その人たちと一緒に「天国への道ぶしん」を担いなさい。

彼女ら・彼らの「痛み」に魂を揺さぶられるところに祈りが生じます。本気で祈りなさい。永遠の住まいを用意していてくださる創造主に祈りなさい。祈りこそが「大きなことに忠実な者」のなすべきことです。信仰者は「神と富とに兼ね仕えることはできない」のです。富には相対的に対しつつ、神には全身全霊をもって対しなさい。ここに、神ご自身に似せて造られた人間どうしのありようが回復される筋道があります。
これが現在のわたしたちに与えられているイエスのメッセージではないでしょうか。

（二〇一三年七月二一日）

「平和の君」の誕生物語
――クリスマス礼拝・希望への祈り

マタイによる福音書一章二三節

今回二〇一二年一二月一六日の衆議院選挙の結果について、意気消沈するような思いになった方が、お集まりのみなさんのなかに多かったと思いますがいかがでしょうか。一九四五年の敗戦以来、この国では六七年間、人を殺し殺される戦争はやめようと決意し、辛くも守り続けてきました。占領国によって指導されたとはいえ、わたしたちの「平和憲法」は、世界の多くの国々にとっての「道標」になっていると思います。

にもかかわらずこのたびの選挙では「改憲」によって「国防軍」の新設や、米国との同盟体制の強化、原発処理後のプルトニウム（核兵器の原料）貯蔵の必要性を平然と主張する政党が多数派となりました。

まさに、さんびかに歌われている「こころみの世にありて　罪の力、死のやみ　とり囲みて迫れど」(21の五三一)状況の出現です。

いいえ、闇の世の認識は今に始まったことでないことは歴史から知らされていることですね。心ある人々は闇を感じとり、平和な社会を望んでいたことは旧約聖書が証してきております。

しかし今や、旧約時代に求めていた「平和の君」のたしかなしるしが与えられました。神に遣わされた人間イエスの誕生です。イエスに出会った人々は、彼のうちに「救い主のしるし」を読みとり、口々に語り始めました。その伝承を西暦紀元一世紀の九〇年代になって、福音書の作者マタイとルカが「イエス・キリストの誕生物語」としてまとめました。

マタイは、人々の自由への渇望が、ユダヤ人のみならず、全世界の人にあるという視点から物語をつむぎ、ルカは、人間社会から疎外されているもっとも貧しい人々に福音――喜びの訪れを告げる視点から物語っています。

でも今日は、イエスの誕生物語がなぜ「希望のしるし」となるのかについて、ご一緒に考えていただきたいと願いつつ、物語に登場する人物に焦点を当てて、お話しいたします。

東の国の学者

まず最初に、マタイ福音書の「東の国の占星術の学者」に登場していただきましょう。

彼らは、ユダヤの国から遠く、ローマの支配下にはない東方の国から来た人々で、ユダヤ自治領の王ヘロデのところに長旅を終えてたどり着きます。

「ユダヤ人の王としてお生まれになった方は、どこにおられますか。わたしたちは東方でその方の（誕生を告げる）星を見たので、拝みに来たのです。」

占星術の学者は、今の言葉におきかえれば天文学者になるでしょう。星の運行を見ながら航海の法則、農作業の段取りなど、地上の生活や出来事との因縁を見つけていくことを研究している人たちです。今でいう自然科学や哲学、薬学なども扱い、祭司の役割も担っていたようです。彼らの研究結果は多くの人たちの知るところとなりました。とりわけ、紀元前後の頃には、その当時のローマ帝国の支配下におかれた小国家の人々の間に、力による平和ではなく、人々を治めることのできる「真の王」、「平和の指導者」を待ち望む機運が広まっていたといわれます。

もっとも、そのような指導者への願望は、それより七〇〇年もの昔の旧約時代からあります。「平和の君」という言葉が預言書にはたびたび出てきます。いずれも、戦争を予感したり、戦争のさなかにおかれている時代でのことです、一箇所だけ引用しましょう。イザヤ書九章です。

「闇の中を歩む民は、大いなる光を見、死の陰の地に住む者の上に、光が輝いた。あなたは深い喜びと大きな楽しみをお与えになり人々は御前に喜び祝った。……彼らの負う軛《くびき》、肩を打つ杖、虐げる者の鞭をあなたは……折ってくださった。地を踏み鳴らした兵士の靴、血にまみれた軍服はことごとく火に投げ込まれ、焼き尽くされた。ひとりのみどりごがわたしたちのために生まれた。ひとりの男の子がわたしたちに与えられた。権威が彼の肩にある。その名は『驚くべき指導者、力ある神、永遠の父、平和の君』と唱えられる。」（一〜五節）

とあります。過去形の言葉が使われていますが、これは未来完了形の動詞なのです。「必ずそのようになるであろう」ということですね。

このイザヤの言葉は何らかの仕方で東の国の学者にも知れわたっていたのでしょう。彼らは、特別にきらめく星の出現にユダヤの国の預言者の言葉を想い起こしたのでしょう。伝承は広くにゆきわたっていたのです。そして、東の国の学者たちは、黄金（王を示す）、乳香（薫香＝祈りを表す）、没薬（埋葬の際の防腐剤）の宝物を携えて、馬小屋の幼な子イエスを礼拝しに旅して来たのでした。

東の国の身分の高い学者たちの物語は、地上の平和を来たらせるための救い主を待ち望む方向性を世界の人々に示している、とみることができるでしょう。現実の指導者たちの権力に打ちのめされているなかで、絶望することなく希望をもち続けよう、共有しようと人々に呼びかけているようです。

この「方向性」への呼びかけを現代に生きるわたしたちが聴いたときに、共振する想いをもてるのではありませんか。「驚くべき指導者、力ある神、永遠の父、平和の君、と唱えられるみどりご＝馬小屋誕生のイエス」。神が与えられる世の救い主の到来を、二七〇〇年以前からの歴史を重ねるなかで、今、次のような人たちの生き方のうちに顕わされているとみることができるのではないでしょうか。

命の危険をもかえりみず、民衆の平和な暮らしを望んで具体的な行動を起こしている人たちです。たとえば発展途上国に出かけて、井戸掘りやカレーズ（地下用水路）づくり、農作業の応援、医療行為、福祉や教育の応援など民間レベルで展開している人々です。また軍隊による戦いを放棄している小さな共和国の出現が二七カ国もあると聞いています。

聖書の告げる「平和の君の救い主」の一端を担う人たちが登場していると、わたしは想います。長い長い長い時をかけて、指導者の「独裁」を退け、抵抗をバネにした働きによって平和・共存への道が追求されつつある地球世界だと理解するのですが、どうでしょうか。

ヘロデ王と側近の学者たち

次に、誕生物語に登場するヘロデ王。東の国の学者とは対照的な人物です。ヘロデ王は、学者たちの訪問を受けてから慌てて、学者や祭司を呼び集めます。そして、キリストなる王がユダヤのベツレヘムに誕生するという預言を知らされます。ヘロデ王は対策を立てます。ひそかに、その付近一帯の二歳以下の男の子を殺害するよう命令を出しました。ユダヤ治世にかかわる緊急事態ということで。世界の王、世界の救い主などの託宣にまどわされて、王自身の座が危うくなったことを防がねばなりませんでした。座を確保するためにはいかなる手段を選ぶこともためらわない、典型的な権力者です。

ヘロデ王に呼び出された学者や祭司たちは、知識としてはメシア＝キリスト待望に関するもろもろのことを知りながら、実感レベルでは待望することのない人たちです。まるで地震列島日本に原発の安全神話をまき散らし六〇年余り働き続けた科学者とおなじではありませんか。現実の地位が安泰を保障されている人たち。戦争が起きても戦場に赴くことのない人たちと同じなのでしょう。もっと広げて言えば、わたしたちのなかにも同じ質の人々を見出すかもしれません。知識があっても柔軟な活用をすることができない、技術があっても心が伴わないのに、さらに知識や技術を追い求めざるを得ない時代の子がわたしたちにほかならないからです。

二歳以下の赤ん坊が皆殺しにされるというおぞましい筋書きさえも、現代の子どもの状況を言い当てられているように思います。ゼロ歳の赤ん坊に暴力をふるったり、三歳に満たない幼な子を餓死させたりというような身ぶるいするような、ニュースが相次いでいます。また逆に、過剰保護の囲いのなかに乳幼児をおいたり、過度の教育を強制したりして、子どもらが自らの力で生きようとする芽をつんで、他人の生き死にには無関心。その果てにいじめを引き起こしたり犯罪を犯すという状況が生まれています。

ヘロデ関連で登場する人物は、この世の闇をリアルに見ることへとわたしたちを立たせてくれます。幼な子や子どもらへのわたしたち大人の対応を見直させる強力なパンチ力をもっていないでしょうか。希望とは真逆です。横暴な権力者は一人の王だけではなく、わたしたちが自分の内側にもっている権力性を覚醒させて、平和を求めることが決して安易なものではないこと、自分自身の罪性との闘いを告げてくれている、と理解するのです。

若者マリアとヨセフ

次には、誕生物語の中心に据えられているマリアとヨセフ。この二人については、マタイ、ルカに共通して登場します。二人はごく平凡な若者たちでありましたが、いやおうもなく神から呼び出されてしまった人たちです。「処女マリアが聖霊によってみごもる」という託宣は、神の選びを鮮明に表現するものです。しかもマリアとヨセフの背後にあるすべての子産みの可能性をもつ者への喜びの宣言でもあります。

ここで、聖書に使われている「いのち」の概念に少しだけ触れさせてください。聖書には「いのち」を表す言葉が三つあります。ビオス、プシュケー、ゾーエー。一つ目のビオスは、肉体的ないのちを表す言葉です。「心臓が動き、息をして、脈がある」といった生物学的な意味での「生きるいのち」です。二つ目のプシュケーは、心とか精神、魂を表す言葉。悲しい、辛い、淋しい、うれしいといった心理的な働きを表します。三つ目のゾーエーは、神とのかかわりのなかにおかれている「いのち」のことで、聖書のなかにたびたび出てくる「永遠の命」がこれに当たります。

わたしたちがふつう使っている「いのち」は、一つ目の場合がいちばん多いでしょう。二つ目の場合は「いのち」という言葉を使わずに、そのまま心とか精神とか魂とかで表現していると思います。しかし、聖書では「いのち」という言葉を使うときに三つを関連させて読んでいかないと、その真意を摑みにくいのです。単なる肉体的なビオスもゾーエーの視点から捉え直してみるとき、かけがえのないものとしての輝きを帯びてきます。プシュケーの場合も悪しき心、歪んだ精神、実在感の乏しい魂と言われることがありますが、ゾーエーの視点からみるとプラス指向の性質が立ち上がってきます。

言い換えれば、生まれる命とは、単なる赤ん坊の命、男女のセックスによって生まれる命ではなく、神ご自身の業によって誕生する命ということなのです。マリアの出産は、当時のユダヤ社会の認識によれば婚外出産による罪ある出産として裁かれねばならないものでした。

しかし、赤ん坊の命は制度によって祝福されたり処罰されたりするものではなくて、神が命を生み出すのであって祝福以外にはありえない、ということがイエス誕生物語で語られているのです。「聖霊によってみごもる」ということの意味は、命の主は神であると信じる人たちの信仰告白なのです。それを「キリスト（救い主）の誕生」という言葉で表現したのが、マタイとルカでした。マタイは婚外出産として、ルカは飼い葉桶にねかされた幼な子として、いずれも人間の悲惨さを象徴しています。このところが前に触れたイザヤの「みどりご誕生」の預言と決定的にちがうところです。マリアとヨセフの現実は不安と恐れ、まことに苦悩に満ちたものであったと思います。が、最終的には二人ともに天使の告げる神のみ心に身を委ねたのでした。

「見よ、おとめが身ごもって男の子を産む。その名はインマヌエルと呼ばれる」。この名は「神は我々と共におられる」という意味である。

平凡な若者に訪れた困難な出産――イエスの誕生を介して告げられたのは、「神は我々と共におられる」という人間へのメッセージでした。悲惨と苦悩に満ちたところに「神のみ子なるキリスト」は誕生したのです。イエスの後の生涯は神と共に生きる人間の生き方を証しするものとなりました。平凡な若者二人がメッセンジャーとして選ばれたのです。さまざまな恐れのなかで子どもを産み育てる若者が選ばれたということは、今日的に言っても、もっとも注目しなければならないことでしょう。命の根源は神にある。生まれ出る子どもは神からの命を託されているとのメッセージを魂に刻んでほしいと思います。赤ん坊の命を愛する愛が単なる母性愛にとどまらないことを聖書が告げていることに驚きを感じさせられないでしょうか。

最下層労働者・羊飼い

最後の登場者として羊飼いを採り上げます。彼らはユダヤ社会で最下層の労働者として位置づけられておりました。羊飼いらは、おおよそ仕事の改善されることなど考えもせず、夜昼、羊の養育にかかわる人たちであったと思います。小説や物語に展開されている羊飼いのなかには、心すさみ意地悪丸出しの人物として描かれている場合も少なくありません。当然とも思えます。聖書に記されている羊飼いたちは、ただベツレヘム近くの地方で「野宿しながら夜通し羊の群れの番をしていた」（ルカ福音書二章八節）とだけ記されています。その彼らは、突然天の異変を目撃しておびえます。見馴れていた星の輝きが光の束となって彼らを襲います。彼らのうちの誰かが天の異変の謎解きをしてくれたのかもしれません。

遥か昔から伝えられてきている特別の星の出現に秘められていた救い主の誕生の知らせであるという話を。

羊飼いたちはまたとない事件に出くわしたことに興奮します。誰からともなく、天使の声が聞こえると叫びます。聖霊が彼らを取り囲んだのです。謎解きをしてくれた男の言葉は、そこに居合わせたすべての羊飼いのものになりました。彼らは、救い主の誕生した場所を探しに出立しました。羊たちの番を犬たちと神に委ねて。彼らはそこだけが光に包まれたような馬小屋にたどり着き、誕生した救い主なる赤ん坊にまみえました。寒さと貧しさのなかに眠る赤ん坊が「救い主」とは……。半信半疑でひざまずいたことでしょう。が、赤ん坊の静かな寝顔、目をあけて投げかける眼差しに、彼らの今までの苦労が跡かたもなく消えていく「瞬間」を経験したのです。

遠い昔に預言したイザヤの言葉の実現に、ユダヤ人として最初に与《あずか》ったのは、貧しく虐げられていた羊飼いたちでした。言葉に出さずとも彼らが心の底に秘めていた救いへの願望が叶えられた一瞬でした。赤ん坊の愛らしさは昔からのことだと常識的な想いをたぐり寄せてしまう皮肉さをわたしたちはもちあわせているかもしれません。が、羊飼いたちはちがいました。赤ん坊イエスのなかに神の命を見出したのです。その命が自分たちにも及びうるものであるということを感じとることができたのでした。神との関係性の内に捉えられた命です。ゾーエー・神との関係のなかに捉えられた命を感じとる「一瞬」は誰のなかにも備えられております。

これが、クリスマスの恵み、クリスマスの奇跡として物語られてきたのです。今の時代のなかでキリスト誕生物語に希望を見出すことができるのであれば、わたしたちもまた羊飼いのようにコトバに出さずとも、心の奥にずうっと平和を望み続けてきている一人であると言えるでしょう。地上に命を与えられた者が共に生きられることを妨げる力に抗《あらが》う心をもつ一人であると言えるでしょう。

キリスト誕生物語は、希望への祈りなのです。

クリスマスの奇跡が今年もあなたに起こりえたでしょうか。

〈祈り〉

愛なる神様、限りない欲望また弱さのために、自らに苦難を引き寄せている人間の歴史を見守りつつ、希望をもち続けられるようにご配慮くださる恵みの物語を心から感謝いたします。どうか、あなたのみ心が地上世界の隅々にまで広がりますように。主イエス・キリストのみ名によって祈ります。

（二〇一二年一二月二三日）

喜ばしいキリスト教へ

――新しい祈り

マルコによる福音書二章一八～二二節

「だれも、新しいぶどう酒を古い革袋に入れたりはしない。そんなことをすれば、ぶどう酒は革袋を破り、ぶどう酒も革袋もだめになる。新しいぶどう酒は、新しい革袋に入れるものだ。」（二二節）

今日の箇所は新しい時代の到来がたとえをとおして語られているところです。三つ日常生活的なことが挙げられています。一つは、婚礼のときには断食はしない。二つ目は、古い布の破れをつくろうのには、新しい布を使わない。三つ目は、新しいぶどう酒は、古い革袋に入れない、ということです。いずれも当たり前のことですね。日常生活のなかで、人々が身につけていることです。そのとおりだとすませてしまうこともできるたとえです。

でも、「たとえ」に託して、真理を語るのがイエスの宣教方法です。みなさんは、この日常の出来事から、どんなメッセージを受けとられるでしょうか。

多少のコメントをつけます。婚礼のたとえは、ふつう一週間のお祝いが続いて、このときばかりは、見知らない人が来てもご馳走をふるまう習慣があって、人々のまたとない楽しみ、喜びのときでした。悲しんだり嘆いたりすることはご法度《はっと》。婚礼の主役は花婿でした。宗教的な慣例としては、週二回、月曜と木曜が断食日になっていましたが、婚礼のときには断食はなじまない思いをもつ人々が多く、一般的には黙認されていたのですが、洗礼者ヨハネの弟子やファリサイ派の人々にとっては、宗教儀式が優先されていました。したがって、宗教活動をしているイエスの弟子たちも、宗教的行事を優先させるのが当然ではないかということで、人々からの質問になったんですね。

継ぎ当て布については、コメントすることは何もありません。ぶどう酒についても特別ありませんが、旅に出るときは、革袋に入れたぶどう酒を持ち歩いておりました。「よきサマリア人」のたとえ話にも、強盗にやられた旅人に、まず、ぶどう酒を傷口に注いでいるように、飲み物としてだけでなく、応急処置に必要なものでもあったわけです。

これらの三つのたとえの出来事は、日常のなかでのことであるわけですが、それがイエス自身の宣教の本質を表すものなのだ、というのが、イエスが、たとえをもち出したことの意味です。こんなに鮮やかにわかりやすく、福音の本質をこめて話ができるということに、今さらのようにイエスの素晴らしさを感じ、わたし自身の伝道者としてのダメさ加減を突きつけられます。けれども祈ります。福音を信じる者としての生き方を選びとったわたしなのですから。どうか、イエスのたとえに対して、それぞれご自分に引きつけて思いめぐらしてください。

たとえの本意を言えば、イエスのもたらした「福音」は、従来の形式としてのユダヤ教の生活様式のなかに収めようとしても、ムリなのだ、新しい生活様式を生み出していく必然性がある、ということなのです。

イエスが、二〇〇〇年前にユダヤ教社会に登場したとき、イエスの発言と行動は人々に衝撃を与えました。今までの預言者や指導者が語ることとなすこととはまるでちがう、という印象を人々はもったのです。

まず、洗礼者ヨハネとイエスのちがい。ヨハネは、時代を終わりの時として捉えて、人々に悔い改めを訴えました。神に本気で服従していないことを告発し、今までの生き方をしていては赦されない、罪を自覚して、赦されるための洗礼を受けよと人々に迫りました。ヨハネの叫びに引き寄せられて来た人々は、一般人はもとより、ファリサイ派、サドカイ派の人々も、徴税人も、兵士たちも集まって来て、罪の告白をしたと、マタイやルカは記しています。ガリラヤ、ペレアの領主ヘロデ・アンティパスも、ヨハネの言葉に良心の呵責をもっていたと記されています。
マルコは、そのような状況説明を一切はぶいて、洗礼者＝バプテスマのヨハネの警告に耳を傾けたイエスも、ヨハネから洗礼を受けたことだけを記します。そして、ヨハネが、ヘロデ・アンティパスに捕えられると、即座に行動を開始します。

「時は満ち、神の国は近づいた。悔い改めて福音を信じなさい。」

原文に忠実だと思われる岩波訳では、

「（定めの）時は満ちた、神の王国は近づいた。回心せよ、福音の中で信ぜよ。」

本田哲郎神父訳では、

「時は満ち、神の国はすぐそこに来ている。低みに立って見なおし、福音に信頼してあゆみを起こせ。」

少しずつ、ニュアンスがちがうようですね。しかし、いずれも、ヨハネの時代とはちがう時代の始まりが告げられております。ヨハネの伝道の内容は、歴史の終わりの時が近づいている、神の怒りの審きを前にして、あなたはどうするのかという態度決定を迫っているものですが、イエスの場合は、終末ではなくて、福音・喜びの時が始まろうとしているというものです。ですから、神の審きを恐れることとは真反対のことを宣言していると言ってもいいかもしれません。

したがって、イエスの新しい時代に入るために、「悔い改めなさい」という言葉遣いは、ちがう言葉に変えたほうがいいでしょうね。ヨハネの、罪を悔いる意味で使っている「悔い改めなさい」と地続きになってしまいますから。イエスは「数々の罪」を自覚する心をもちなさい、ではなく、むしろ、心を喜びのほうに集中させなさい、と言っているのです。方向転換を提案しているのです。その意味では、岩波訳の「回心せよ」のほうがいいと思います。本田訳の「低みに立って見なおしなさい」もいいですね。

ちなみに、マルコのイエスは、ここ以外は「悔い改め」、メタノイアという言葉は、このあと一度も使っておりません。マルコは、洗礼者ヨハネとまったくちがうイエスの実像を伝えるために、福音書を書いたと言ってもいいでしょう。

福音を喜ぶ時代のたとえが「婚礼」であり、「新しい布」であり、「新しいぶどう酒」なのです。そして、この新しい福音を表現していくには、今までのユダヤ教の形ではうまく収まり切れないのだと言っているのです。

会堂ではじめて、イエスの話を聞いた人々は、「非常に驚いた。律法学者のようにではなく、権威ある者のようだ」(マルコ一章二二節)と、感嘆の声を挙げています。人々が「権威ある」と受けとめたのは、知識的な理解を促す言葉ではなく、即、心に届く言葉であったということだと思います。「神の言葉が自分にも聞こえた」ということです。

その心に届くイエスの言葉が行動に表れたとき、悪霊にとりつかれている男を正気に戻させることになったり、家を捨てて、イエスに従って来たはずのペトロのしゅうとめが熱を出していると聞くとすぐに、その家に出かけて行って、しゅうとめの病を癒やしたのです。それらを目撃した人々は、今まで悪霊にとりつかれていた人や、なかなか病気が治らないであえいでいる人たちを、イエスのもとにつれて来ました。人々から隔離されていた重い皮膚病の人が、勇気を出して訪ねてくると、イエスは抱きかかえるようにして癒やしています。中風のために一人でやってくることのできなかった人のためには、友だち四人連れが戸板にのせて来ます。

人々の常識を逸したかのような行動が、次々と人々の間に生じました。会堂で叫び声をあげてイエスに対面した、悪霊にとりつかれた男も、隔離の掟をふりほどいて出向いて来た男も、屋根のブロック石を取りはずすことをやってのけた人々もみな、心に抱えていた願いを素直に表すことが、イエスの言葉と行動によって可能となったのです。イエスに引き出されたのです。喜びの表現です。

　これらの話に引き続いて、徴税人レビの召命があり、レビは時をあらためて、イエスの一行を食事に招待しました。レビの友だちであった徴税人仲間や、罪人呼ばわりされていた人たちも同席しての大宴会でした。今まで、社会から排除されていた人たちとのこの食事会を見聞きしたファリサイ派や律法学者からクレームがつけられたのも、当時のユダヤ社会の常識からすれば、当然のことです。

　これら一連のことが、物語られたところで、今日、採り上げたイエスのたとえがあります。イエスの現実は、婚礼のときの花婿にたとえられるのです。暗くなるほどの神妙な顔つきをしながら、模範的な信仰者像を描いて見せてくれる宗教家たちを尻目に、断食などする必要はないと言ってのけるイエスです。人々が素直に喜び祝うことを妨げる理由はないと言うイエスです。

　通りがかりの人たちをも迎え入れている婚礼のときに、断食などの苦行を入れこむ必要はないとするイエスの表明は、食べることがままならなかった社会においての喜ばしいことであったのです（食べるモノがあり余っている今日の日本では、イエスは別の言葉を出されるかもしれません。その言葉を推測することがかないませんが、「あなたのしていることが本当に喜びになっているか」と問いかけられるのではないかと思います）。

　いずれにしても、イエスの言動は、宣教テーマであった神の国の内実を示すものでした。神の国とは、神が生きて働く現実のことです。イエスは、それを体現させました。平たく言えば、生きることの喜びです。イエスの伝道の基調旋律は喜びなのです。喜びを伝達することと同時に、イエス自身が喜び・福音そのものだというのが、マルコ福音書の主張です。書き出し始めのタイトル『神の子イエス・キリストの福音の初め』からも読みとれます。

マルコにとって福音とは、イエスの歴史的出来事から切り離され、抽象化されうるような真理でないことは、一～二章を読んだだけでも明らかなことです。けれどもまた、マルコにとっての福音とは、イエスという歴史的人格そのままによってだけでは表現されえない「福音」という事柄じたいなのです。ややこしい言い方をして恐縮ですけれども、イエスが語り、行ったことは、過去の出来事なのですけども、それが過去の歴史的人物としてだけでは終わらない。イエスを天に送って、地上の現実に生きるマルコに、またわたしたち後代に生きる者にかかわりをもたざるを得ないものとして、「福音」という言葉をマルコは使わざるを得なかったのです。過去のイエスの言動が、当時の人々に喜びを与えたように、後々の者にとっても喜びを生み出す事実を、福音として表現したと言ったらいいでしょうか。その福音の事実を、他の福音書やパウロの手紙は「復活のイエスとの出会い」として告白しているわけです。

今回、罪を自覚させ、悔い改めさせる洗礼者ヨハネと、福音宣教者にして福音そのものであるイエスとのちがいを今さらのように確認させられました。このところをはっきりさせておかないと、教会は喜ばしいオーラを放つことはできません。イエス自身の喜びとしての存在を受けとめるということは、教会のありようを絶えず刷新せずにはおかないことを問われているということなのです。この福音としてのイエスを受け入れる形式は、ユダヤ社会にはありませんでした。洗礼者ヨハネの「悔い改め」の路線は、ユダヤ社会の宗教的形式を受け継ぎながら、その中身を深めていく役割をもっていましたが、イエスの福音は、新しい形を求めるものでした。

弟子たちが麦の穂を安息日に摘みとったり、食事の前に手を洗わなかったり、隔離されていた部屋を抜け出してきた人がいたり、罪人呼ばわりをされている人と食事を共にすることなどは、ユダヤ宗教の形からはみ出しているのです。新しい形をあえて表現するなら、喜びをともにする生き方、逆転させて言うなら、苦しみや悲しみをともに担う生き方ということになります。もはや、ユダヤ教の律法共同体という枠組みに収まり切れない形です。言ってみれば「愛」の形と言えるでしょうか。喜びを共有していく人々と創り出していく愛の形です。

新しいぶどう酒は、古い革袋に入れれば、破れてしまう。だから新しい革袋を必要とするという単純明快なたとえによって表現されていることは、じつは、今日の教会でも課題であり続けている事柄と言ってもいいでしょう。喜びを共有しうる形は、教会のなかにだけ留めておくことができないほどの発酵力をもっているものである、ということがこめられているたとえなのでした。

わたしたちは、祈らずにはおれません。集められて来る者たちが、喜びを共有できるように、苦しみを悲しみを共有できるように、そして外に出向いて出会う人たちと喜び、悲しみ、苦しみをともに生きられるように。祈りから生まれる行動が、新しい宗教の形として提示されたのではないでしょうか。

（二〇〇九年一月二五日）

Ⅳ 愛する

愛し合うという掟
——神と人、人と人との関係性のなかで

ヨハネの手紙一　四章七～二一節

テーマに入る前に

ナザレ人イエスのうちに神をみるという、キリスト者の信仰告白は、イエスの直弟子たちの証言によるものです。月日が経って、イエスが亡くなり、直弟子たちも亡くなりましたが、その証言を受けとめた人たちによって、人々が集まり、初代教会が次々と誕生しました。初代教会では、直弟子たちが聴きとり、目の当たりにした主イエスの愛の業は、今現在も新たに見聞きする事柄、教会の業であるわけです。

今日のところは、内容は同じ神の愛についてなのですが、さらに文学的・神学的に「愛の賛歌」と言えるまでに整えられております。しかも、それがキリスト者の生き方を規制する「掟」であると述べることによって、明快な主張になっています。これは、ヨハネ福

音書から手紙をとおして一貫して流れている「ヨハネ文書」の主旋律です。「掟としての愛」というテーマでお話ししたいと思います。個人的な好みからすれば、イエスの自由に目覚めさせられてきたので、「規制される」とか、「掟」という言葉はなるべく避けたい、今まで何とか避けてきたのですが、もう逃げてはおれないという気持ちで緊張しております。

緊張を柔らげる導き手となってくれたのが、先ほど交読した詩編一九編です。一九編の詩人は、

天は神の栄光を物語り
大空は御手の業を示す。
……話すことも、語ることもなく
声は聞こえなくても
その響きは全地に
その言葉は世界の果てに向かう。

と前半で歌います。創造された自然界への賛美です。わたしたち信州人にとっての自然賛歌の心にぴったりです。山々が、いっぱいの緑に覆われる前のひととき、芽吹きのとき

は、樹一本一本の新緑の色合いが驚くほどちがっていて、一本一本の樹が、それこそ、隣りの樹とささやきあい、語り合いながら、それぞれの樹の命を輝かせているように思えます。思わず感嘆の声がほとばしり出てきます。一九編の詩人も、同じ想いであったのでしょう。

ところが、詩人は後半の部分で、

主の律法は完全で、魂を生き返らせ
主の定めは真実で、無知な人に知恵を与える。
主の命令はまっすぐで、心に喜びを与え
主の戒めは清らかで、目に光を与える。
主への畏れは清く、いつまでも続き
主の裁きはまことで、ことごとく正しい。

と、自然における神よりも、さらに具体的な啓示を律法のなかに発見しているんですね。詩の主語になっている律法、定め、命令、戒め、畏れ、裁きは、みな同義語です。一一九編（一七六節もある）の詩人はこれらに、「掟」「御言葉」を加えて何度もくり返しています。創造主なる神は、イスラエルの民をエジプトの奴隷状態から導き出してくれた歴史にかかわる神・ヤーウェです。「あってある者」という名をモーセに明かしたヤーウェなる神は、天地を創造することによって、その超越性と普遍性とを明らかにし、モーセに律法を与えることによって、その歴史性を明らかにしました。

後世の、心から神信仰をもつユダヤ人が、どんなに律法を喜び楽しんだかは、想像にあまりあるほどです。一〇〇〇年にわたって、無名の詩人たちの詩が語り継がれてきたのが、詩編です。

しかし、イエス在世時代は、律法を喜び楽しむことよりも、律法による制度化が進んでしまい、制度からはみ出す者を排除する社会となってしまったために、イエスは律法主義者たちと激しく闘わざるを得ませんでした。制度化された律法の呪縛から、人々を救い出すことに全力投球をし続けたイエスです。制度化された律法によって、自分の命を愛することのできない人たちのところに出かけ、食事を共にし、神はほかならないあなたを愛していることを告げたのです。罪の結果だという難病を癒やされたのです。

マルコ福音書には、心ある律法学者が、ある日イエスを訪ねて、「すべての掟の中で、第一のものはどれでしょう」と質問する記事があります。イエスの答えは、岩波訳によれば、「第一のものはこれだ、**聞け、イスラエルよ。我らの神なる主は、一《いつ》なる主である。そこでお前は、お前の神なる主を、お前の心を尽くし、お前のいのちを尽くし、**お前の想いを尽くし、**お前の力を尽くして愛するであろう。**第二のものはこれだ、**お前は、お前の**

隣人をお前自身として愛するであろう。これらより大いなる他の掟は存在しない」というものでした。

これは、旧約の申命記六章四～五節の言葉と、レビ記一九章の一八節から引用しているのですが、マルコの原文は「愛しなさい」という命令形ではなく、「愛するであろう」という未来形を使っています。イエスが、命令形ではなく、未来形を使っているのだとすれば、律法のイメージが変わってきますね。律法というものが、それじたいで貴いものであるのではなく、律法を媒介にした神と人間との関係性をイメージすることができます。あくまでも神が主体者として、神に応答する人間のありようというものが求められていると、読みとることができるでしょう。

律法があたかも神であるかのように、絶対的な権力機構となってしまっている当時の社会で、イエスは単純に律法はよきものと言っているわけではない、という意図が伝わってきます。

ヨハネ福音書（一五章九～一二節）の場合は、父なる神がわたしを愛し、わたしが父なる神を愛したように、わたしがあなたがたを愛した。あなたがたも互いに愛し合いなさい。これが新しい掟であると、命令形のイエスの言葉を使っているのですが、しかし、少しずつ言葉を変えながら、くり返しくり返し神の愛を何とか伝えようとしています。結局のところ、愛は観念ではなく、関係性のなかで心を向き合わせ、通い合わせるありよう

であることが伝わってきます

失敗を重ねてばかりいたペトロは復活のイエスから、三度もくり返して主との関係性をたしかめられました。ときには主を否定してしまったり、思いちがいをしたり、たてついてしまうこともあるようなペトロの愛は、わたしたち現代人の愛の不徹底さ、つまり、自分自身の主体性や主権を強調せざるを得ない競争社会のなかで、他者愛に赴けないでいるわたしたちの姿と重なります。

けれど、復活の主は、リッパな愛をペトロに求めたのではないことを、わたしたちは知りました。自分の愛の足りなさに悲しむペトロとの関係性を求められたことを知りました。イエスとの関係性を持続させてさえいれば、「愛は生まれてくるであろう」ということなのです。関係性をしっかりと押さえたうえで、ヨハネ福音書の著者は、思い切って「あなたがたも互いに愛し合いなさい」と命令形を使ったのです。

手紙の本文に入る前に、いろいろと思いめぐらしてきました。思いめぐらしてきたところで、手紙の著者の語る愛の賛歌に耳を傾けましょう。

愛し合える可能性の回復

七〜一〇節

愛する者たち、互いに愛し合いましょう。愛は神から出るもので、愛する者は皆、神から生まれ、神を知っているからです。愛することのない者は神を知りません。神は愛だからです。神は、独り子を世にお遣わしになりました。その方によって、わたしたちが生きるようになるためです。ここに、神の愛がわたしたちの内に示されました。わたしたちが神を愛したのではなく、神がわたしたちを愛して、わたしたちの罪を償ういけにえとして、御子をお遣わしになりました。ここに愛があります。

詩編一九編のところでも触れましたが、聖書の神の存在は、天地万物を創造されただけでほめたたえられる方ではない、ということが、たぶん他の宗教とちがうところです。聖書の神は、その創造のなかにおかれた人間が罪に陥り、被造物全体が罪と死の支配のもとで呻吟するようになったのを、もう一度救おうとする働きを、ナザレ人イエスをとおして明らかにされた神なのです。このことを手紙の著者は、「神がわたしたちの罪を償ういけにえとして御子をお遣わしになった」と記しているわけですけれども、これは、ユダヤ教の祭儀信仰についての新しい見方を打ち出しているのだと理解します。が、しかし、わたしとしては、「神自らに似せて造った」人間が、自分たちの罪を自覚するために、イエスの十字架処刑を神は今に至るまで「見捨てた」という表現のままわたしたちに突きつけられているのではないか、と思うのです。今もイエスと同じような理不尽な死を強いられている人々を見ているわたしたちです。

が、神は、「神よ、何故、私を見捨てるのか」と絶叫するイエスの処刑死からイエスを呼び起こされた。そこに生じたオドロキこそが、直弟子たちの本音ではなかったか、と思うのです。そのオドロキはわたしたちの時代のなかでも起こりうる、そのような神の働きこそが、愛と呼びうるのではないか、この神の愛に包まれて、人間ははじめて、生きることへの肯定・祝福を手にすることができる、それゆえに神への賛美が生まれるのです。

神への賛美は、自然賛歌に終わることなく、他者への愛となって、神に呼応する者となるということです。愛とは、他者との関係性のなかで生きることにほかならないのです。お互いを必要なものとしてかかわり合うことです。かかわり合うなかで、たとえゆきちがいや憎しみさえも時にもつことがあったとしても、それが赦しへと変えられていくことが、神の愛のなかに約束されているのです。神の愛は、そのような働きをもっている。罪と死の支配下に生きていた人間を、愛し合える喜びの支配する生へと導かれる愛なのです。愛し愛される可能性が回復されたのです。だから「互いに愛し合いましょう」という応答の言葉になっているのです。

愛し合う絆で結ばれている

一二～一三節
いまだかつて神を見た者はいません。わたしたちが互いに愛し合うならば、神はわたしたちの内にとどまってくださり、神の愛がわたしたちの内で全うされているのです。神はわたしたちに、御自分の霊を分け与えてくださいました。このことから、わたしたちが神の内にとどまり、神もわたしたちの内にとどまってくださることが分かります。

この手紙の著者は、霊的熱狂者たちが「わたしは神を見た」という宗教的エクスタシーに陥って、他者が見えなくなってしまう生き方をはっきりと退けています。神の霊が分け与えられたというなら、それは、神が人間を愛し、人間どうしが愛し合うという他者との関係性に生きるという現実に立たせてくれることなのだと言います。神の霊は、天地創造の意図された神と人、人と人との交わりを復権させる働き以外のものではないのです。

一七～二一節
こうして、愛がわたしたちの内に全うされているので、裁きの日に確信を持つことができます。この世でわたしたちも、イエスのようであるからです。愛には恐れがない。完全な愛は恐れを締め出します。なぜなら、恐れは罰を伴い、恐れる者には愛が全うされていないからです。わたしたちが愛するのは、神がまずわたしたちを愛してくださったからです。「神を愛している」と言いながら兄弟を憎む者がいれば、それは偽り者です。目に見える兄弟を愛さない者は、目に見えない神を愛することができません。神を愛する人は、兄弟をも愛すべきです。これが、神から受けた掟です。

前半は、神が再創造される時、この世に終わりの時が来て、再びイエス・キリストが現れる時を信仰をもって望み見ているんですね。わたしたち現代人にとっては、あまり実感できないことですが、聖書時代の人たちは、終末の審判に対する関心が非常に高かったのです。新約にたくさん手紙を書いているパウロは、その筆頭者です。ヨハネ福音書の筆者はどちらかと言えば、裁きは、すでに現在生じているという見解をもっています。「御子を信じる者は裁かれない。信じない者は既に裁かれている。……光が世に来たのに、人々はその行いが悪いので、光よりも闇の方を好んだ。それが、もう裁きになっている」（三章一八～一九節）と言っています。

ヨハネの手紙の著者は、現在的裁きには触れないで、もっぱら、終末が到来するまでに、愛し合う人間社会を生み出すことに希望をおいているようです。教会に呼び集められている者たちは大丈夫、愛し合うことができている、恐れることはない。自分たちの現実は、イエスのように生きている。神とイエス、イエスとわたしたちは、愛の絆で結ばれて生かされている、このことを「掟」として守り抜きましょう、というのが手紙の主旨です。

言ってみれば著者は、教会は反キリストを主張する人たちとの分裂の痛みを経験したのだけれども、今後、分裂を招かないためには、愛し合うことを教会の掟としていこうと決意したのです。その愛は、単なる人間的な思いやり、傷つけまいとする抑制程度のものではない（ここのところが重要です。聖書の愛アガペーは、道徳や倫理を超えたものなのです）。また、組織維持のための掟、集団結束のためのルールとしてではなく、神がわたしたちを愛されているゆえに、おのずと自分の内から湧き上がってくる他者への愛というコンセプトをくり返し語ってきました。一人ひとりが神から愛され、生きる意欲を与えられたゆえに、呼び出された者どうしの横の関係を結ぶ愛は、自然に生み出されるという信仰の論理を展開したのです。この手紙の著者の論理が、わたしたちの肺腑を突くまで、彼の言葉の前に留まり続けねばならない、ここがいちばん大事なところです。

掟としての愛

愛と掟は、概念としては反対のものでしょう。愛はどこまでも深く、また広げられていく性質のものですが、掟ははみ出すことを阻む性質のものです。しかし、この相容れないかに見える二つの性質が、神の霊の働きという媒介があったときには、一つにされることを手紙の著者は見極めたのです。魂で捉えた論理というよりほかないでしょう。愛としての掟が着地するなら、それは教会のみならず、社会にとっても必要なことであり、広がっていけるものでしょう。現代のような競争社会に歯止めをかけうる力をもつものです。神の愛なんて無縁だと思っている人の多い社会であっても、「掟としての愛」は、市民権をもつのではないかとわたしは予想します。

現在、世界的な規模での経済不況は、自社の利益中心の経済依存の見直しを迫られています。その結果、ワーク・シェアリングを導入する企業が増えたり、また、ベンチャー企業と言われる新しい視点に立って会社を起こす人たち――特に若者や女性の起業家が増えてきているようです。つまり、利益追求だけではなく、人のために役立つことを発想して、人々の求め、とりわけ、現在の社会システムから落ちこぼれてしまう人に焦点を当てて、そのニーズに応えられるような仕事を開拓している人たちですね。

その起業家たちは期せずして、無意識のうちに「掟としての愛」をベースにしているのではないでしょうか。もちろん、社会に役立つ仕事の理念は、いずれにしてもどの企業にも出発時点においてはあったと思います。それが、いつのまにか利益追求路線・競争を生み出し、格差社会に至りついてしまいました。その堕落への傾斜をくいとめることのできる理念として、「掟としての愛」に目を向けていただけたらと願わずにはおれません。掟と言わないまでも、企業にかかわる人たちを大切にする思いを土台にしてほしいと願います。

キリスト者であるわたしたちは、少なくともそのところに眼目をおいて、社会の動きを見ながら、生活の糧をうる仕事にかかわり、社会が「掟としての愛」に絶えず立ち返ることができるよう、とりなしの祈りとともに、働きを担うものでありたいとの促しを、ヨハネの手紙から受けとりました。

（二〇〇九年五月一〇日）

重荷を下ろし、深呼吸できる場所で
――家族との出会い直し

マルコによる福音書三章三一―三五節

　最近の子ども殺しのニュースのなかで、もっとも心を震撼させられたことに、自分の子どもが川でおぼれて死んだために、同じ年頃の子どもを殺してしまった母親、自分の子どもが幼稚園でいじめられていたのではないかとの妄想のために、日頃仲良しの友だちを殺害してしまうという事件がありました。常識では、とても考えられないようなことが生じています。病んでいる状態です。なぜ、そこまで母親が追いつめられてしまったのかについていろいろ考察がなされているわけですが、わたしとしては、今日、読んでいただいたところに、追いつめられる母親の行動をくいとめることのできる鍵があると今さらのように思います。

　ここでのイエスの母マリアは、ごくふつうの親のように子を思う親としてやむにやまれぬ行動を起こしました。息子イエスが人様に理解されがたいこと、また迷惑をかけているのではないか、そのため危害を加えられはしないか、と心配のあまり、保護しようとの一念からの行動です。心配は的中します。

このあと、イエスがふるさとのナザレを訪ねて、会堂で話をします。ルカとマルコとは、事情の説明が時間的にズレているんですね。内容的にもちがいます。

マルコの場合は、人々が、その言葉の力強さに驚きはしたものの不思議でなりません。自分たちは、イエスの小さい頃から三〇歳に至るまで、その人となりを承知している。律法を学びに出かけた様子もない。それが家を出て伝道者となり、奇跡的な行為までしているという噂を聞いても納得できない。ここで一つ奇跡を見せてもらおうか、と期待したのでしょう。イエスは、ふるさとの人たちの心根を見抜いて、奇跡を行うことをしませんでした。

ふるさとの人の心根とは、かつてイエスが、伝道に赴くまえに四〇日間内省したあの問題です。石をパンに変えたり、山の頂上から飛び降りても無事だったり、都の神殿の塔の先端から天使に助けられながら、人々の真っ只中に降り立つ奇跡を期待する人々の心根です。イエスは迷うことなく人々をきっぱりと退けます。

ルカの語り口は詳しい筋運びになります。

旧約聖書に記されているとおり、奇跡はただ一人の人に対してだけなされる。預言者エリアは、三年六カ月も雨の降らなかった地方で、ただ一人のやもめのところに遣わされ、飢饉の困窮から救い出したのではなかったか。また、預言者エリシャは、多くの病気を患っている人々がいるなかで、シリア人ナアマンの皮膚病を癒やしただけであった、という記事を承知しているはずだというのです。そして預言者は、故郷で敬われることはない、と語ります（国会議員が地縁血縁を頼って票集めをするのとまったく逆ですね）。すると人々は、イエスを町の外に追い出し、山の崖まで連れて行って、突き落とそうとした、とルカは記しています。（四章一六〜三〇節）

ともかくイエスが、ふるさとでは受け入れられないばかりか、危害を加えられないか、という母マリアの予感は、的はずれではなかった。ルカは、このふるさとでの事件を、今日のマルコによるイエス探し事件の前に編集しています。そのほうが読者にとってはスムースに読めるかもしれません。

イエスとふるさとの人々との関係がどうであったか、ということについて思い入れする著者たちの姿勢を想像することができます。ルカは、読者を念頭において、イエスの生涯の粗筋のほうに力点をおき、マルコは、粗筋の整合性よりも、今日ここで語られたイエスの言葉に焦点を当てていると思われます。（ついでですけれど、四つの福音書は、イエスの生前活動を中心においていますが、著者の視点のおきどころが少しずつちがう。これがとても大切な聖書の読みどころです）

さて、マルコは、母マリアや家族の思惑の外で生きているイエスに光を当てています。イエスは、母や兄弟の心配を重々承知しながら、ここでは、家族に対して冷たくあしらっています。イエスでなければできないふるまいです。血縁紐帯を切りはずすふるまいです。血縁によって固く結ばれている絆を絶ち切ることですね。何よりも家族を大切に思っている人にとっては、承服しかねる思いを抱くところかもしれません。

とりわけ障がいをもつ子を抱えている親の場合は突き放されたような感情に襲われるでしょう。障がいを負っている親や子を邪険にしている人を見聞きすると、どうして？と疑問をもつのも、心優しいと言われる人たちの偽らざる気持ちです。が、イエスはその人たちも含めて、ここではきっぱりと家族の血縁的な結びつきにノーと言っているんですね。

「わたしの母、わたしの兄弟とはだれか」と答え、周りに座っている人々を見回して言われた。「見なさい。ここにわたしの母、わたしの兄弟がいる。神の御心を行う人こそ、わたしの兄弟、姉妹、また母なのだ。」

このイエスの言葉を聞いて、とっさにオウム真理教（アレフ）や、統一原理の宗教集団を連想する人もいるでしょう。たしかに、誤解されても仕方のない言葉です。ここだけの言葉に限って言えば、です。家族を捨ててまで、自分の求める思想、信条に身を任せる人のありようです。たとえ、神のため、世のためと言われても納得しがたい。実際、わたし自身もオウム真理教や統一教会に入りたくないし、人さまにすすめたくありません。

　それでは、なぜイエスの言葉には拒否感覚ではなく、胸をつかれるような思いをもつのでしょうか。イエスの言葉の真理性に気づかされるものがあるからです。そのわずかな手がかりが、イエスは密室状態で、この言葉を語ってはいない、ということです。今、話を聞こうとして集まっている人にも、訪ねて来た母や兄弟にも、遠巻きにしている人にも、つまり開かれた状態で話をされているというところです。どうしても説得しようというふうではありません。言葉そのものに耳を傾け，気づきの生じるのを待っているという雰囲気を感じるからです。「見なさい。ここにわたしの母、わたしの兄弟がいる」訪ねて来た母や兄弟、取り次ぎに来た人に対しての言葉です。血縁関係とは別に母や兄弟がいる、とはどういうことなのかと思いめぐらす人たちに対して、「神の御心を行う人こそが家族なのだ」というイエスの言葉は、強烈ではあったでしょう。しかし、目覚めさせる何かを直感することもできたという人もいるでしょう。

　おそらく、集まっている人々は、何がしかの愛の破れや社会状況の不安を、またユダヤ宗教の画一的な倫理観への充ち足りない心を抱えて、心を生かされたいと思う人もいたでしょう。その混迷した魂をイエスは見据えて語ったのです。家族や社会の枠組み、そこからは逃れられないという呪縛から解き放たれよ、と。

わたしたちの現実に引きつけていうなら、たとえば問題児と言われる子どもを抱えた母親が、その子の言動に振り回される日々が続くとしても、何としてもその子をまともにしなければと孤軍奮闘して疲れ果ててしまうこともあるでしょう。親がしっかりしなければ、他人からの非難をくいとめてやらなければと必死になってしまうということがあると思います。それは当然のことですし、頭の下がるようなことでもあります。難病や認知症の人を抱えた場合も同じでしょう。

しかし、同時に、身内として守らねばならない人を引き受けていることのうちに、無意識のうちに自分への弁護をひそませているということもあるのではないでしょうか。自分の至らなさや非力を覆い隠すような働きをしてしまうことがあると思います。守られる側も守る側も無意識のうちに相手を責める思いをもつことがある。言葉にならなくても、そのような思いをもってしまうことがあって、混迷した状況を招き寄せてしまう、ということがあるのではないでしょうか。

内々のことを外から云々するのは、大変おこがましいことでありますし、また当事者の心を傷つけてしまうかもしれないのですが、イエスは、そのところにメスを入れているのではないか、と読みとったのです。閉じられた血縁関係では解決できないことがある。一度、その枠組みの外に出てみなさい。背負った重荷を下ろす場があることを知ることができたら、ラクになりますよ。そもそも家族で負い切れない責任を命の主である神は課しているわけではないのだ、と。生まれ出た一人の命の主は、親ではなくて、神ご自身なのだと。神が最終責任者だということですね。聞き耳を立てていた人たちは、解放されていく気持ちにされたでしょう。自分ひとりでがんばらなくてもいいのだ。重荷にあえいでいた人にとっては、深呼吸のできる瞬間を与えられたと思います。

「神の御心を行う人」とは、自分の命の主が神であることを受け入れる、ということにほかならないのです。どのような個性をもっていても「生かされてある命」をお互いに認め合うということです。人様から非難されるような個性の持ち主であっても、熱心にシャカリキになるまでの熱さをもってしまう個性の持ち主であっても、命の主なる方の関与があると受けとめることができれば、自分自身が命の主人公になることはありません。少なくとも目の前にいる弱い人への、あたかも支配者であるかのようなふるまいから解き放たれるでしょう。この子、この人のために仕えていると思いつつ、いつのまにか支配者になってしまっている自分に気づくことができれば、混迷状態から抜け出すことができます。

神のみ心を行うことを、神さまのために何かよいことをする、というふうに受けとりがちであると思いますが、そうではない。神のために働くわたしを認めて、ということではなくて、神のみがあなたやわたしの父であり、母であることを受け入れるということです。

精神分析医は、現在病んでいる人の成り立ちを詳しく聞きだして、親子関係の因果をつきとめ、トラウマになっている部分を自覚させることから治療を始めるようですが、それも、場合によって必要なことだとは思います。が、それ以上に今おかれている関係性のなかで、お互いの命の主を仰ぐことから、関係性のつくり直しをしていくことのほうが根本的なことであるでしょう。イエスあるいは教会が伝えようとしているのはこのところです。

一人ひとりの命の主が神であることを認められるなら血縁紐帯の呪縛から解かれるということは聖書が一貫して証言していることです。たとえ、家族のなかで自分だけがキリストの神を信じているので、それはむずかしい、と思われるかもしれません。でも、家族のなかでただ一人、「わたしの命も両親の命も神様が与えてくださったもの」と確信をもてれば、自然な形でその心を受けとめてもらえると思うのですがどうでしょう。自分や他人の子どもを殺さずにおれなかった母親たちに、この福音が届いてほしいと切に祈ります。

余談になりますが、牧師はいろいろな相談事を受けることがあります。あるとき、地域に住む若い女性が見えて、父親が自分のしたことについて話をして指導を受けるように、もうすでに坊さん二人と牧師さんを訪ねて、今度で四度目になります、と。で、自分のしたことは何かと言えば、父親の許さない肉体労働者の男性が好きになって、黙ったまま交際を続け妊娠してしまった。六カ月にもなって、父親に見つかり、すぐに中絶手術をさせられた。それからずっと外出することを止められている、というのです。

で、あなたは今どんな気持ちなの？　と聞くと、好きになった男性を諦められない。小さい頃から親の言うことに反発していたので、自分の家とはまったくちがう家庭に育った男性に出会って、自分を喜ぶことができるようになった、というのです。私は、その思いをもち続けられれば、いつかお父さんにはっきり言えるときがくると思う、と言って帰ってもらったんですね。

その後、何日か経って、その娘さんの家族四人が訪ねて来ました、両親と姉と弟です。お父さんがおっしゃるには、他の人たちのところに行ったときには反省をしているように見えたのに、あなたのところから帰って来ると元気な顔をしていた、いったいどんな話をしたのか聞きたい、ということでした。

わたしは「『神さまは一人ひとりの人格を認めてくださる。自分の気持を大事にしなさい』と言いました」。父親は「あなたにも娘がいるでしょう。その娘がいかがわしい男、刑務所に送られるような男を好きになっても、いいというのか」わたしは「はい」。すると突然姉娘が「両親とちがう考えをもつ人を好きになってもいいんですね」と発言されたんですね。お父さんは「もういい、あなたは妹娘をかどわかしたばかりでなく、姉娘までかどわかした」と怒って座を蹴って引き揚げて行かれました。

その後どのような家族の関係になったかはわかりません。

イエスの母マリアや兄弟も、時を経ておそらくイエスの言葉を受けとめることができたのでしょう。その後の記述には、家族についてのものはありません。ただ、ヨハネ福音書によれば、十字架の上のイエスのそばに立つ母マリアと姉妹たちを伝えています。そして、母マリアと愛する弟子ヨハネを見ながら、母には「婦人よ、ごらんなさい。あなたの子です」と言い、弟子ヨハネには「見なさい。あなたの母です」と語ります。そのため、これから後、弟子ヨハネはマリアを引き取った、と記述しています。他の福音書記者が見過ごしている事柄ではありますが、ヨハネ福音書は信仰において、イエスの家族への思いを受けとめ、最後のしめくくりをしていると思います。このヨハネの記述は、血縁的な結びつきからの切断と同時に新たなる血縁の結びつきを表示しています。さらに加えれば、母マリアと弟ヤコブもイエス亡きあと弟子集団のなかに加わっています。

イエスは、生前にも病を癒やした人が、主に従いたいと申し出ると、いいえ、家に帰りなさい、帰って元気になった姿を見せてあげなさい、と言われているところが少なくありません。

血縁の呪縛から解かれよ、ということと家に帰って仲良く暮らしなさいという言葉は、一見、真反対のように見えます。矛盾するように見えます。聞き手、読み手は自分の受け入れやすい言葉を選んで、他方を消してしまうことが多いかもしれません。しかし、両方を受けとめることを欲しているのがイエスです。神のみ心を行う家族、すなわち、親であれ子であれ人それぞれ別人格として生かされている命の承認を徹底させる。そして、今関係を結んでいる親と子、兄弟姉妹という血縁を見直してあらためて親しむ、ということの必要性を語っているのです。家族との出会い直しですね。

現実の家族のなかで破れを感じている者には、家族だというのにという思いにしがみつくことはない。ただ回復・修復を祈って待つことをイエスは呼びかけます。「家族愛」ゆえに、ドツボにはまりこんでしまっている者には、その思い、その支配・被支配性から解き放たれるように欲しているのがイエスの真意です。

別の言い方をするなら、神にあって一人ひとりの命が生かされていることを絶対とし、み旨としての具体的なかかわり方としては、相対化することです。おかれている関係性のなかでは、それぞれ緊急に必要な行動、日常的なかかわり合い、交わし合う言葉がちがいます。自分たちの間に生じたそれらを絶対的なものとしないということです。絶対化しない、ということを、さらに別の言葉で言うなら、自己批判の目をたえずもち続けることです。

反省、反省というからクリスチャンは堅物になっておもしろくない、と言われるのをよく耳にします。でも、自己批判と反省は似ているようでちがいます。「反省」は「同じまちがいをしない」ところに力点あります。が「自己批判」は「視点を変えて自分を見直す」ということになるでしょうか。ほんとうに自己批判のできる人には、いさぎよい明るさがあります。神がイエス・キリストにおいて自分の愚かさ、罪深さを赦し、復活の命を生きるようにさせてくれたという喜びによって支えられているからです。あるいは、新しい自分を発見できる「前向きさ」と言ってもいいかもしれません。

それゆえに、結果的には、たえず新鮮に息づくことのできる生き方へ導かれるのではないでしょうか。

「わたしの言葉にとどまるならば、あなたたちは本当にわたしの弟子である。あなたたちは真理を知り、真理はあなたたちを自由にする。」（ヨハネによる福音書八章三一〜三二節）

（二〇〇六年七月二日）

ボランティア精神って何でしょう?
——友と生きる

マルコによる福音書二章一～一二節

反戦と平和を歌とトークでつなぐ

先日、九月一〇日（二〇一〇年）の第五回再発見！　日本国憲法集会（主催・ピースネット塩尻）「笠木透と雑花塾コンサートー反戦と平和を歌とトークでつなぐ」は一六〇人の参加者の多くの人たちが、口々に「よい集会でした。来て本当によかった。また企画してください」と言ってくださいました。

歌の題名が花の名前であったり、川の名前であったり、場所の名前であったりしているのですが、内容はメッセージ性の深いものです。さらにその歌の一つ一つに背景があって、日本の歴史の知られざる断片が笠木さんによって語られるんですね。

たとえば「鳳仙歌」という歌は朝鮮の女性がよい仕事があると言われて日本に連れて来

られて、日本軍の慰安婦にされてしまった女《ひと》の悲しみを想いつつ、鎮魂の歌になっている。「スミレの花」は学校でピカソのゲルニカの絵を見て、反戦の決意をした少女とその親が人々のいじめにあう。その思いはお母さんの愛したスミレの花によって今も伝えられている。「木曽川」では朝鮮から連行された労働者たちがダム造りに労苦した話。「南山」では、福沢諭吉が「人の上に人を造らず」の民主主義を主唱して一万円札の肖像にもなっているけれども、朝鮮を植民地化しようと提案し、戦争の先鞭をつけた話が語られる。「あの日の授業」では、現憲法（平和憲法）を輝くような情熱で授業をしてくれた教師の姿が子どもの心に焼き付いている記憶。「非暴力」では、日本の近代化政策を進めていく最初の、日露戦争の時点で反戦を主張した元松本教会員（木下尚江）の話。「ポスター」は自由と民主主義を平民新聞で主張した幸徳秋水、秋水に傾倒した明科村の宮下太吉が、大逆事件を企てたと権力によってデッチあげられ処刑されたソラオソロシイ話が「無実」であったと、後に明らかにされる話など。一つ一つの歌にその時々の出来事に対する悲しみ、怒り、喜びの心が伝わってくるコンサートでした。過去の出来事を今どう受けとめているかの姿勢も、はっきりと打ち出されているようなリアリティがありました。

挨拶の言葉のなかでしたか、打ち上げの席でしたか笠木さんが「わたしは歌で反戦平和のネットワークにつながっている。雑花塾のメンバーは固定化していない。出るも入るも自由。テレビなどには出ないで、小さな集まりでも大集会でも、人と対面しながら活動している。心と心が出会えることを願っている」と言われました。

わたしの念願していた憲法集会の内容でした。

今の時代、日本の民衆にとってもっともわかりやすく、大切なことが、体・心・頭・精神に浸透していくことが必要ではないかと、わたしはつねづね思ってきました。それには、このような歴史の出来事を踏まえた歌の力による役割が大きいと思います。歴史を踏まえ、心のこもった歌が、人々の政治や地方で苦闘している人への無関心さを少しずつ克服していける有力な道筋ではないかと思うのです。現憲法の平和主義、主権在民、基本的人権の理念が身についていくことに、大きく寄与する働きだったと思います。

友と生きる

さて、今日の聖書箇所に入りましょう。タイトルを「友と生きる」といたしました。

ストーリーを追ってみましょう。イエスの一行が、ある日、ある家に招かれて話をしている時のことです。マルコ原本によれば、ガリラヤ湖の西北に位置するカファルナウムです。イエスの伝道の根拠地ですね。ここへ当時の宗教家としてリーダー格であったファリサイ派や律法学者たちが、ガリラヤ全域、遠くからはユダヤ、エルサレムから駆けつけて来ました。彗星のごとく現れた新しい宗教家イエスと論争するためです。民衆は社会の転換を望むひたすらな思いで、大勢詰めかけておりました。戸口まで人々が溢れています。

そこへ、床に病人を寝かせたまま四人の人たちが担架を運んでやって来ました。とても戸口から入りこむことができませんでした。四人は相談の結果、大胆な行動を起こしました。家の外から屋根に登り、屋根に穴をあけ、部屋の真ん中に座っているイエスのまん前につり降ろしたのです。居合わせた人たちはあっ！と驚き騒ぎ立てたでしょう。

しかし、イエスは感動しました。四人の人たちの大胆極まりない行動は、愛が本物でなければできないことだと直感したのです。病人の年頃がいくつくらいなのかわかりません。老人性の中風なのか若年性の中風なのか。いずれにしても一人暮らしの男が難病に倒れたため、まず一人の男が助けに入ってみた、が、一人ではやり通せないことがわかり、友だちに応援を頼む、すると続いて一人また一人と助け手が出て四人となったのではと想ってみました。四人にとっては難病は当人の罪のゆえだという当時の常識を払いのけてでも生きているこの人を支えていかねば、というその人への想いゆえの行動です。折しも病を治すイエスの噂を聞いた友人たちは迷うことなく病人本人を説き伏せて、イエスのもとに連れて来たわけです。

イエスは、イエス自身に解決を求める四人の友人たちの心を真《ま》っ芯《しん》から受けとめました。

今やイエスは命を祝福される神への信仰に四人の友人とともに立たされます。そして、宣言します。

「子よ、あなたの罪は赦される。」

この発言にざわついていた人々は静まり返りました。ところが、律法学者やファリサイ派の人々は、どのような反論を口にすべきか、と惑いながらそれぞれに心の内でつぶやいておりました。考えられることは一つ。

「神を冒瀆している。神おひとりのほかに、いったいだれが、罪を赦すことができるだろうか。」

イエスは、彼らの心の内をすばやく洞察しました。そしてイエス自ら彼らとの論争の糸口を提供します。

「なぜ、そんな考えを心に抱くのか。中風の人に『あなたの罪は赦される』と言うのと、『起きて、床を担いで歩け』と言うのと、どちらが易しいか。人の子が地上で罪を赦す権威を持っていることを知らせよう。」

イエスの問いかけに律法学者たちはうろたえたと思います。病気を治す業については、イエス以外にも霊力をもった治療師の存在することは一般的に認められていたことですが、病気を治すことと罪を赦すことを結びつけることには虚を突かれる想いがあったのでしょう。

普段から、難病をもっている者は本人もしくは親の罪のゆえなのだと理解し、主張してきていた宗教家たちでありましたから、病気を治すことがすなわち罪を赦すことだと言われてみると、「何と大それたことを」という思いが先立ちます。病気を治す霊能者たちの存在は認める。が、しかし彼らは罪を赦す力はもっていないという確固たる認識を、宗教家たちはもっていたからです。言ってみれば社会的な事柄と宗教的な事柄とを安易に結びつけていたこととの矛盾をイエスから突きつけられて、うろたえざるを得なかったということです。

「あなたの罪は赦される」と言うのと「起きて歩け」と言うのと、どちらがたやすいことか、というイエスの問いにみなさんはどう答えますか。

宗教家たちには答えられませんでした。イエスの出す答えははっきりしています。この時代には難病と言われる病気を治すことのほうがたやすいことではない。けれど治すことができれば、原因とされていた「罪」はもはや消滅してしまうということではないかとイエスは言われたのです。

難病は本人もしくは親の罪として、その人たちを社会から排除しようとしていた宗教家は、まちがっているということです。

ところが、です。当時の宗教家たちと同じような現代の宗教家たちがいる、と気づかされます。さすがに、病気の原因を罪とする現代の宗教家はおりませんが、「罪の赦し」に関しては、「イエス・キリストのみ」と主張する牧師、信徒は少なくありません。罪ということの深さを探っていけば、もちろん、そう言わずにおれないことがあります。社会的には決して犯罪にはならない心の内の想いを審く神の前では、言い逃れるすべがありません。

しかし、今日の箇所の出来事のなかでは、病と罪を安直に結びつけて人々をおとしめている宗教家との論争なのです。そこで、イエス・キリストのみが罪を赦す唯一の権威者という教理をもち出してきて、当時の宗教家にイエスは答えを出されたと理解してしまうと、物語を読みちがえてしまうのではないかとわたしは思います。そのような読み方をしている註解書は今でも圧倒的に多いのです。この読みちがいの背後には「人の子」という呼称についての理解のちがいがあります。

これはイエス以後に誕生したキリスト教会では、人の子＝イエス・キリスト＝神の子という教理を定着させてきています。この理解を前提にすれば、先のような理解が成り立つわけです。わたしも牧師になったばかりの頃は、不承不承ながらそのような解釈を採用しておりました。

けれど、何度も福音書を読み返すうちにどうもしっくりときません。イエスがここで語っている「人の子」は一人の人間という意味で理解したほうが自然だと考えるようになりました。その後、聖書研究者たちの見解として「イエスは生前『神の子』の自意識はもっていなかった。『人の子』呼称は『人間』として理解可能」と言われるようになりました。とすると、人間はだれでも、この世で人を赦すことのできる権威をもっている、と理解することができます。現代風に言えば人権の主張です。当時のユダヤ教社会にこの言葉をおけば社会の価値観をひっくり返すことになります。

冒頭に笠木透の歌を紹介しましたが、近代化政策をとっていた日本では戦争に反対する人々、また天皇の絶対権力を否定する人々を弾圧しましたが、「善良な市民」は見ぬ振りをし、また隣国の人たちの犠牲に、目を閉ざさざるを得なかったのです。今でも残されている日本民衆の状況でしょう。いわゆる「無関心という常識」が広がっていると見なければならないでしょう。

そうです。その価値観、社会常識をひっくり返すことを、この物語の四人の友人たちは決行したんですね。難病となった中風の男を連れて来て、しかも、屋根に穴をあけてイエスの前につり降ろすような非常識極まりない行動を起こしたのです。イエスにとっては魂をゆさぶられる出来事であったと思います。ただの庶民が、親しい友のためにユダヤ教的社会常識をはねのけて人権の大切さに目覚め、実践したことに、イエスは同志を見出した。

神のみが罪を赦す権威をもっていることをドグマ化、教理化している社会のなかで、友人四人は、中風の男の罪を赦す行為、つまり、体の不自由さをそのままにはしておけないと証言している、とイエスは見てとりました。四人による病者への愛を受けとめたイエスです。

イエスによれば、創造主なる神が、ご自分のかたちに似せて人間を造られたことは、人間を祝福すること以外ではありません。その祝福を自ら棄ててしまうようなことを、人間の歴史の営みは実証し続けてきてしまった。そこで人間への神の祝福を取り戻そうというのが、イエスの伝道の発端です。

イエスは社会から罪人のレッテルを貼られて、社会からはじき出されている人々と共に食事をすることが好きでした。五〇〇〇人の共食物語として伝えられてきているように、少ない食べ物をみなで分かち合うことを実践しました。レギオンと呼ばれていたローマ軍団六〇〇〇人を目の当たりにした若者が、自らレギオンと名のり精神の病を起こしたことに、イエスは戦争への怒り悲しみを覚えつつ彼を立ち直らせました。祭司に重い皮膚病と判定され、隔離を余儀なくされた人を癒やし、祭司に証明書を出させて社会に復帰させました。

イエスは、社会からいわれのない差別を受けている人たちの命の尊厳を取り戻すことをモットーにしていましたから、人間は本来お互いに赦し合うことのできる権威をもっていることをこの物語では訴えられていると、わたしは読みました。ラストシーンが素敵です。

イエスは中風の人に、

「わたしはあなたに言う。起き上がり、床を担いで家に帰りなさい」。その人は起き上がり、すぐに床を担いで、皆の見ている前を出て行った。人々は皆驚き、「このようなことは、今まで見たことがない」と言って、神を賛美した。


自分を縛りつけていた床を、今度は自分で担って歩き始める。ということは自立を意味しているでしょう。たとえこれからも彼に困難なことがあるとしても、その困難を背負って生きられるということにほかならないでしょう。それは、彼が他の困難さゆえにうずくまっている人のところに出向いて行ける、ということをも意味します。

四人の友人たちの行動と床を担いで歩き出した男の物語は、現代的な表現に置きかえれば、ボランティアの誕生と言えるでしょうか。

ボランティアとは何らかの困難を抱えている人を前にしたとき、その人の問題を自分から切り離すのではなく、ある意味で自分の問題であるという結びつきを見てとって、かかわりをもつ人のことであり、ネットワークを作る人つまりネットワーカーとも言われています。もちろん問題の改善に向けて働くことです。二、三日前の信濃毎日新聞には「ケアラー」という新しい言葉が紹介されていました。ケアを必要とする家族、親、友人、知人を無償でケアする人のことです。

一人では生きにくい人を支える働きは、人間社会にとって大切なことです。先進国ではいろいろなセーフティネット政策が用意され、民間での自発的なつながりネットを生み出していることはうれしく、イエスの行為の実りを思います。ただ、人間は弱いもので、支援策が打ち出されると、それにお任せ式な一般的な流れを生み出して形骸化してしまうことも事実です。施設で働くケアラーたちに初発の愛が消えてしまって管理のみに細心の注意を払うようになっていることに心の痛みを感じることも多いです。また、ボランティアがあたかも自分の善意の確認のため、あるいは生き甲斐としての参加が広がり、支援を受ける人自身の心や必要が、置き去りにされていることも見聞きしています。被災者ボランティアの場合など。

要するに、制度や支援策が打ち出されればよしではなく、原点に立つ人、立ち続ける人がボランティアなのです。人間の尊厳を絶えず認めていける人格主体が育てられることが必要でしょう。赦し合える心が必要です。人の真心が放つリアリティを今日の癒やし物語から受けとっていただけたらうれしいです。聖書を読むということは、たえず原点を示され、そこから出なおせるということなんですね。

（二〇一〇年九月二六日）

言葉が心に届いたとき
――五〇〇〇人の共食物語

マルコによる福音書六章四一～四四節

イエスは五つのパンと二匹の魚を取り、天を仰いで賛美の祈りを唱え、パンを裂いて、弟子たちに渡しては配らせ、二匹の魚も皆に分配された。すべての人が食べて満腹した。（四一～四二節）

イエスは「神の国」について伝道しましたが、神の国についての具体的な内容を示されているところの一つが、今日採り上げた箇所です。

五〇〇〇人の共食の物語は四福音書が共通して採り上げている珍しい記事です。ほかには、受難物語以外には、ありません。四福音書が共通して採り上げているといっても、少しずつちがいがあります。そのちがいがなかなか意味深長なのです。その一つが、マルコの三四節です（マタイ・ルカは削除）。

イエスは、舟から上がり、大勢の群衆をみて、飼い主のいない羊のような有様を深く憐れみ、いろいろと教え始められた。

話された内容は記されていないのですが、弟子たちが村や町に出かけての報告を聞いたうえで、「いろいろと教え始められた」とありますから、おそらく人々がいちばん欲しているいることを洞察して話されたのであろうと思います。

そこで、わたしの独りよがりな想像かもしれませんが、一つは、人々が心の内の思いを口に出せないでいる孤独感、二つは、永遠の命への憧れ、ということを想ってみました。この場所での話は、別の仕方でなされたと思いますが、わたしとしては、その二つのテーマがほかの箇所に記されているので、それらを手がかりにします。

孤独感

まず、孤独感からの解放の物語であるザアカイ物語を想い出してみましょう。ルカ福音書一九章に採り上げられている話です。

徴税人のザアカイは、町の人々から蛇蝎《だかつ》のように嫌われておりました。彼は人間ではない、へびやさそりの仲間だと思われていました。税金取りというのは、人々の生活保障政策のためにある側面もありますが、ヘロデ家や高官たちのぜいたくな生活を支えることのために使われている部分も少なくありません。神殿税の場合も同じです。ユダヤ人の政治・社会を維持していくためには仕方がないことですが、さらにそのうえ、占領国ローマのために税金を納めることは、前者へのいまいましいうっぷんを含めて、ノーの気持ちが人々にとって強かったであろうことは想像に難《かた》くありません。

今現在日本政府が沖縄の米軍基地に多額の税金を回しているのも、まるで占領が続いているようですね。ローマの税金取立人は任意の職業でした。人々に嫌われてもその仕事にありつくうまみは、ローマから求められる税金額を納めさえすれば、あとどれだけ上乗せできるかは徴税人の才覚に任せられていたということなんですね。財を貯える可能性のある職業です。似たような仕事のうまみにかける職種は現代でも同じなのでしょう。

ザアカイは、己れの才覚を認め、自分の風采の悪さを自覚していましたから、迷うことなくこの職を選び、喜んでこの仕事につき、生活を営んでいたわけです。人は人、自分は自分。自分の幸せ感を摑むことが大事だと思っていたのでしょう。その信念に、ちょっとした破れが生じてしまいました。自分の才覚に負けず劣らず信念をもって活動しているらしい人の噂を聞いてしまったのです。

自分の仕事とはちがうけれどもその人物の同業者である祭司や律法学者から反感を買い

ながら、自分の言いたいこと、したいことをしている人物・ナザレ人イエス。ザアカイはイエスなる人物に並々ならぬ関心をもちました。その人物が今日、住まい近くの広場にやってくることを知ったのですから、チャンスを逃がす手はありません。けれど、人々と一緒になって、ナザレ人イエスを待ちうけるわけにはいきません。人々から、背の低い自分が邪険に扱われるかもしれません。そこで一計を案じて、誰よりも早く広場に出かけ、いちじく桑の木の上に登って待つことにしました。

やがて、イエスの一行がやって来ます。イエスは遠くから、木の上の人影に目を留めていたのでしょうか。その人物が、この町で名高い徴税人のかしらザアカイであろうと見抜いていたのでしょうか。いちじく桑の木のところまで来るとイエスは足を止め、木を見上げながら声をかけます。

「ザアカイ、急いで降りて来なさい。今日は、ぜひあなたの家に泊まりたい。」

驚きいぶかったのは、広場に集まっていた人たちです。「何で？　こともあろうに罪深いザアカイの家に宿をとるなんて」。ザアカイ本人も驚いたでしょう。耳を疑うような言葉をかけられたのですから。でも、イエスは「今日は、ぜひあなたの家に泊まりたい」と言われたのだ、まちがいない、自分の腹の中に入り込んでくるような声だった、言葉だった。

そのとき、ザアカイには、イエス以外の誰も目に入らなかったでしょう。急いで木から降りると、イエスの一行を自分の家に招き入れました。するとなぜか今までの自分の幸せな生活の営みが、人々の犠牲のうえに成り立っていることを直感させられたのです。思いがけない認識でした。ザアカイは大きく深呼吸して、一息に言います。

「主よ、わたしは財産の半分を貧しい人々（乞食たち）に施します。また、だれかから何かだまし取っていたら、それを四倍にして返します。」

ザアカイとイエスの向かい合いは、その瞬間、ザアカイに変革をもたらしたのです。人々の助言や苦言、警告、説諭では生じ得なかったであろう変革がザアカイの身に起こったのです。イエスの言葉はザアカイの心に届いたのです。自分では意識の底に閉じこめていた、人々と共に生きる感覚を呼び覚まされたのです。イエスの言葉は、ザアカイの今まで口に出してきていた言葉の強がりを砕いて、彼が心の底で思っている願いに照準を当てたのです。彼は孤独感から解放されたのでした。

ひと一人で生きていることの辛さ、虚しさ、悲しさにイエスが目を留めるのは、ザアカイだけではありません。そこそこの自信をもって、善良な生き方を自認している人々にも語りかけておられるのです。その自信、その幸せ感覚を人々にも分かち与えてごらんなさい。あなたの幸せ感覚、あなたの善良さは、あなた自身が意識しているより、もっと深く確かな他者愛――神があなたを愛し、あなたが他者を愛する土台を据えられているからなのだと言われるのです。

孤独感は、ザアカイの場合は、わかりやすい仕方で人々から納得されますが、優しく、親切に、しっかりと見えるような人であっても、心の奥底に横たわっている他者愛には遠い自分を無意識に認めている方もあるかもしれません。自分のようには他人を愛せない思いが横たわっている。その無意識下の思いが波のように荒だったとき、人は孤独感に襲われることがあるのだと思います。そんな人に対して、イエスは、大丈夫、わたしが共にいるからと言われるのです。あなたの優しさや善良さを用いるのはこのわたしなのだから、と言われるのです。それが、「今日は、ぜひあなたの家に泊まりたい」という言葉の意味するところでしょう。

あるいは、また、人間社会に深い洞察をもっている作家・辺見庸の「生身の体が悲鳴を上げている」という言葉に該当している人は、心を病む人たちでしょう。現代社会ではうつ症状が蔓延していると言われています。うつに悩んでいる人たちは、大方は医者を訪ね、処方を受けていると思います。教会に出かけて癒やされようなどと思う人は、ほとんどいないでしょう。チラリと頭をよぎることがあっても、本当には求めない。クリスチャンであるわたしたちもそれらの人を誘うことはできていません。でも、イエスは、木に登っているザアカイを遠くから見ることができたように、心の病を得て、人と交われないでいる人々のいることを見てとっているのです。病の原因を知っているからです。その人たちがイエスのところに出かけられないほど閉ざされた心をもっていることを知っています。イエスはその人たちのために祈りながら待っておられます。「わたしには、この囲いに入っていないほかの羊もいる。その羊をも導かなければならない」（ヨハネ福音書書一〇章一六節）と言われるのですから。

人間にとって孤独感というものは本質に属することなのです。強弱のちがいがあっても、人間誰もが心の内に抱えもっている性質です。エデンの園を追われた人間の本性です。追い出したのはほかならぬ神ご自身です。したがって、神ご自身が人間の孤独感からの解放を待ち続けておられるのです。一人ひとりの回復への道筋を用意しながら、「出会いの時」、「本源へ立ち返りの時」を待っておられるのです。

ザアカイには、自己中心的な幸福な生活を一定期間歩むことを許し、その生活との決別の時を備えてくださいました。「今日は、ぜひあなたの家に泊まりたい」、その申し入れ、その言葉がザアカイに届いたとき、

「今日、救いがこの家を訪れた。……人の子は、失われたものを捜して救うために来たのである。」

と、イエスは喜びをもって言われたのです。

ガリラヤ湖の東湖岸沿いの野原に陣取って、イエスの話を聞いていた人々のうち、イエスの言葉が心に届いたのは、どのくらいの人であったでしょう。五〇〇〇人の群衆ということは、五〇〇〇とおりの「孤独感」と、イエスは向き合ったということですので。

永遠の命

人々の心の願いの大きな部分を占めていたことのもう一つに「永遠の命」があることを、イエスは洞察していました。

ファリサイ派に属する誠実な人物で、最高法院の議員であったニコデモや、富に恵まれた秀れた青年がイエスのもとに来て永遠の命をどうしたら手に入れることができるかと質問しました。けれども、そういうエリートではない民衆は、それを口にすることができないまでも、同じ思いをもっていたであろうことは想像できます。神が本当に存在しているというなら、この世の生活の経済的・知識的・精神的格差を許されるはずがないのでは、とひそかに思うところであったでしょう。これもほかの箇所を手がかりにします。

マルタ、マリア姉妹の場合です。姉妹は愛する兄弟の死を目のあたりにしたとき、愛する者との永遠の別離に耐えがたい思いに襲われました。悲嘆にくれるマルタ、マリア姉妹にイエスは悲しみの涙を流しつつ、死に立ち向かい、そこから脱出できる道を探し出したのが、ラザロの復活物語です（ヨハネによる福音書一一章）。物語のなかのラザロが、死んで四日もたち、悪臭を放っている彼をまたもとの生ける肉体に取り戻されたという奇跡が生じたのかどうかは、正直なところわかりません。ただ、イエスが一緒に悲しみ、よみがえりを願ったということは信じます。

イエスは「ラザロは復活する」とマルタに断言しました。マルタは、当時の信仰を受け入れていて、「終わりの日の復活の時に復活することは存じております」と言います。するとイエスは、

「わたしは復活であり、命である。わたしを信じる者は、死んでも生きる。生きていてわたしを信じる者はだれも、決して死ぬことはない。」

と、怒りを含んでいるかのような口調で応えられました。この言葉遣いからおおよそわかることは、肉体の死は実体ではあるけれども、「死んでも生きる」「いつまでも死なない」という「体」は、実体ではなくて、信じる事柄なのだということです。信じる事柄というのは、不死なる神と全人間との関係を指し示す言葉です。神は死なない、人間は死ぬ。この両者の間で関係を結ぶということは、死ぬ人間が死に至るまでの生の期間、どのように生きるか、ということになりますね。

それは、天地創造物語のなかでの、人は神のかたちに似せて造られたことをまず、人間の生きるベースにおくことです。神が人間を必要として、つまり愛すべき対象として造られたことを、人間の側から言えば、神を愛するものとして造られたということです。神と人間との関係の核となっているのは愛です。愛は，わたしたちの生全体を充たすという本質と働きをもっています。イザヤは、

「恐れるな、わたしはあなたを贖う（救う）。あなたはわたしのもの。わたしはあなたの名を呼ぶ。」（四三章一節）

と告げています。人間が神を信じることをしないで、人間自身をのみ信じて生きているにしても、根源的には、神はその背きを赦し、本来の、神と人間の関係へと導き入れくださるということです。

したがって、死ぬべき肉体をもっている人間であるけれども、不死なる神は一人ひとりちがった個性をもつわたしたちの名前を呼ばれ、愛の関係をもってくださる。不死なる神が結んでくれた愛の関係は、人間側の死をもってしても終わることはない。はっきり言えば、死んだ後の世界にあってもその関係をもち続けてくださるという了解が、信じる事柄に属することなのです。「死んでも生きる。決して死ぬことはない」というイエスの言葉

をとりあえず、そのように理解しましょう。永遠に生きておられる神が、わたしたちに関係をもち続けていてくださるというなら、時間的に生きる世界だけで事の決着をつけることはできないのだ、という了解をもつことが、「永遠の命」を信じるということです。

余談になりますが孫たちの話を聞いてくださいますか。寝床に入ってから、「男の子どうしの会話」です。

弟（保育園児）「人間は死んだらどうなるの？」
兄（小二）「お墓に入るんだよ」
弟「お墓に入ってどうなるの？」
兄「そんなことわかんないよ」
弟「ぼく、死ぬのがこわい」
兄「子どもだから死なないよ」
弟「子どもだって、戦争で死ぬでしょ」
兄「大丈夫だよ、日本は戦争してないんだから」
弟「病気で死んじゃう子だっているよ。ぼく、死にたくない。大人になっても死にたくない」と泣きじゃくる。

兄「こわがらなくても、大丈夫だよ」
弟「死んだおじいちゃんは、どうしてるの？」
兄「おじいちゃんにきくのがいちばんだけどムリだろ。幸ちゃん（わたし）にきいてみ」
わたし「わたしもね。おじいちゃん（わたしの夫）が、どうなっているのかわからないのよ。聖書のことばを聞いてくれる？」
弟「うん」
わたし「イエスさまが言われたことだけどね。『わたしは復活であり、命である。わたしを信じる者は、死んでも生きる。生きていてわたしを信じる者はだれも、決して死ぬことはない』」。
弟は泣くのをやめて、ことばを聞くことができたようです。そして「信じることなのね」と口に出して、ようやく眠りにつきました。
身近な人の死の事実を受け入れることは、子どもも大人も同じように、心の葛藤を抱えこむようです。心の内での問いと答えは、おそらく死に至るまでくり返されるのでしょう。原因が病であれ、事故であれ、戦争であれ、死なずにはおれないような状況に追い込まれて死んだ人、あからさまに殺されて死んだ人、そして死を仕向けるように企んだ人、平気で残虐な殺し方で人を殺してしまった人たち、それら、両側に立つ人間を、神は射程に入れて、人間への愛の関係をもち続けておられることは、信じるよりほかないことです。死を余儀なくされた犠牲者たちには、不死なる神の世界・永遠の世界で権利が回復され、霊なる神の世界で新たな生命を得る、犠牲に追いやったものたちは、永遠なる世界で不義を正され、変えられ、新しい命を与えられるということが、「永遠の命」のもたらすものです。犠牲者と犠牲に追いやったものがともに神に対し他者に対して和解することのできる世界での命、それが「永遠の命」です。

イエス・キリストにおける十字架と復活の出来事はそのような和解の事実を中身としていると言えるでしょう。信じる、ということは理屈に抗《あらが》って、ヒューマニズムに反して生じる。神の主権を受け入れられる場所をもつということが、わたしたちのできるせめてものことではないでしょうか。イエスの亡き後、神の啓示者イエスの言葉と行為を伝える教会の存在する理由がここにあります。

ガリラヤ湖の東湖岸でイエスの話を聞いた群衆は、「孤独感」から解き放たれ、「永遠の命」への希望を示されて、お互いに見知らぬ隣の人に、ほほ笑みを送り、言葉を交わし、食べ物を出し合い、新しく生き直すことのできる方向を見定めることができたのではないでしょうか。群衆の間に「神の国」が出現したのです。

イエスは五つのパンと二匹の魚を取り、天を仰いで賛美の祈りを唱え、パンを裂いて、弟子たちに渡しては配らせ、二匹の魚も皆に分配された。すべての人が食べて満腹した。そして、パンの屑と魚の残りを集めると、十二の籠にいっぱいになった。パンを食べた人は男が五千人であった。

十二のかごは、イスラエル民族十二部族のすべてに、五〇〇〇人は、とてつもない数の象徴です。すべての人間、子ども、女、異邦人を含めてすべての人たちに与えられることを象徴的に表す数です。そして、その事実をさらに他者に向かって持ち運ぶ道が拓かれることを「実に、神の国はあなたがたの間にあるのだ」(ルカ福音書一七章二一節)とイエスは喝破されたのです。

「五〇〇〇人の共食」物語は、イエス亡き後、復活のキリストとしての出会いを経験した者たちによって、初代教会に受け継がれていきます。そして、歴史的には「命を支え合う」福祉政策としての道筋を作り出したと言えるのではないでしょうか。

〈祈り〉

永遠なる神よ、人が人を殺すこの世の現実、現代イスラエル国家の残虐さをわたしたちは、何としても認めることはできません。生きているこの世の中で抗議し続けます。それでも、あなたご自身が和解の業をなしとげるみ心に対しては、信じます。信と不信の間で苦しむわたしたちを、どうか支えてください。人間の誠実さよりもあなたの誠実さを信じる心を少しだけ多くしてください。怒りよりも和解を信じる心を少しだけ多くしてください。

主イエスよ、わたしたちを導いてください。あなたの示される福音＝良い知らせに従って、この世の不正と戦い、すべての人が食事に与りうる時を希望しつつ、時間世界を生き抜くことができますように。

あなたご自身の栄光が現れますように、「救い主イエス」のみ名によって祈ります。

（二〇一五年五月一八日）

神の知恵は人間の想像力を呼び起こす
――バルメン宣言第二項

コリントの信徒への手紙一　一章三〇節ｂ

今日は、被造物としての道筋を歩むためには、神の知恵としての想像力がわたしたちに与えられているというお話になるかと思います。「バルメン宣言」第二項に耳を傾けましょう。

聖書

このキリストは、わたしたちにとって神の知恵となり、義と聖と贖いとなられたのです。（Ⅰコリント一章三〇節ｂ）

告白

イエス・キリストは、我々のすべての罪の赦しについての神の慰めであるのと同様に、またそれと同じ厳粛さをもって、彼は、我々の全生活に対する神の力ある要求でもある。彼によって我々は、この世の神なき束縛から脱して、彼の被造物に対する自由な感謝に満ちた奉仕へと赴く喜ばしい解放が与えられる。

我々がイエス・キリストのものではなく、他の主のものであるような、われわれの生の領域があるとか、我々がイエス・キリストによる義認と聖化を必要としないような領域があるなどという誤った考えを、我々は斥ける。

告白の前半は福音主義キリスト者の依って立つところ、後半は立ってはならないところの主張は第一項と同じ構成です。告白の文章のなかから四つの言葉を拾い上げて、今日的な言葉で理解してみたいと思います。

1 「イエス・キリスト」について

告白のなかには「イエス・キリスト」が三回も出てきます。大方のキリスト者にとって自明のことでしょうけれど、ちょっと留まって思いめぐらしてみる必要があることをお話しいたします。

この言葉「イエス・キリスト」という呼び名じたいが、後の神学によって生まれた歴代教会の信仰告白の言葉です。その道筋をきちんと心に受け入れておきましょう。

新約聖書は、イエスの生涯を記している福音書を除いた手紙の部分でのイエスについての呼び名はいろいろあります。福音書と同じくイエス、ナザレ人イエスがあります。さらにキリスト、主イエス、主イエス・キリスト、キリスト・イエス、主キリスト・イエス等々です。ヘブライ人への手紙では、イエスとキリストを分けて使っています。「イエス・キリスト」というフレーズは出てきません。この呼び方のちがいから想像できることは、初代教会のなかで重要であったのは、人々がイエスとの出会いのなかで発見し、解放されていった自分の身に起こった事実を、大事にしているということです。そのときの自分に見合った言葉を使っているわけです。

そして、その事実を直接的な経験によって得られなかった人たち、とりわけ異邦人は、復活のキリストの証言をとおして、自分たちもキリストに出会えたと信じるところに立ち、直弟子たちの生前のイエスとの経験を追体験します。復活のキリストが現代のわたしたちのなかにまで入りこんで、かつて人々がイエスの言葉と行動によって目覚めさせられ、与えられた命の喜びをもつことができる、その新たなる事実こそがキリストの働きにほかならないのですね。そこで、イエスはキリストであった、という告白を、ワンフレーズで表す『イエス・キリスト』が定着していったということです。

そのような初代教会の信仰者のプロセスについて想像力を働かせてみないと、同じく「イエス・キリスト」を口にするドイツ・キリスト者と福音主義キリスト者とのちがいを汲みとれないのではないかと思うわけです。ドイツ・キリスト者はヒトラー政権下で何の疑問ももたないようです。彼らの「イエス・キリスト」はただの標識になっているんですね。福音主義キリスト者は、もう一度福音を吟味し直している人々なのです。短い文章のなかに三回も「イエス・キリスト」を加えているのは、イエス・キリストと出会うことへのリアリティを込めて注意を喚起しているということでしょう。

2 「罪の赦しについての神の慰め」について

信仰者にとって根本的な罪の赦しと神の慰めという概念が、もっともリアリティをもって迫ってくる物語を想い起こしましょう。

ヨハネ福音書八章の姦通の女の記事です。姦通は、女だけでは成り立たないので、女だけを引っ張ってきて、石打ちの刑にするということは、女性への差別が明らかにされるわけですが、今日はその視点からではなく、社会的な性差別問題を吹きとばしてしまうほどの根源的な罪が問題にされているという角度から物語を読んでみます。

女を衆目にさらす場に連れ出してきたのは、律法学者やファリサイ派の人たちでした。彼らはイエスを試みようとして言います。モーセの律法によれば、このような女は石打ちの刑に処すべきであるといわれているが、あなたはどうするか。もしも、イエスが彼らと反対の意見と行動を起こすなら、律法違反者として裁判に訴えることができます。彼らと同じ見解に立つなら、日頃のイエスの言動に矛盾することになって物笑いになる。いずれにしても、イエスに勝ち目はない、という値踏みをしての試みでした。息づまるようなひとときが流れたでしょう。

ところが、そのような生死を決着する場面は、さらりと別の場面に転換されてしまったのです。イエスは、地面にしゃがみこんで指で何かを書き始めます。何を書いていたのでしょう。想像力を刺激されますね。

しばらくしてイエスは立ち上がると、静かにひとこと「あなたたちの中で罪を犯したことのない者が、まず、この女に石を投げなさい」と言って、また地面にしゃがみ指で何かを書き続けます。その間に年長者から一人また一人と男たちは立ち去っていきました。

イエスは、また立ち上がり「婦人よ、あの人たちはどこにいるのか。だれもあなたを罪に定めなかったのか」と問いかけ、女が「主よ、だれも」と答えると、イエスは「わたしもあなたを罪に定めない。行きなさい。これからは、もう罪を犯してはならない」と言います。

さて、イエスは地面にしゃがみこんで何を書いていたのでしょう。想像するよりほかありません。わたしは、ここでのイエスは律法に示されている「倫理」を超えて、もっと根源的な罪、人間のどうしようもなく呪縛されている罪を思いめぐらしながら「罪とは何か」を指文字で書いていたのではないかと思ってみました。イエスの肺腑を突いて出てきた「罪を犯したことのない者が、まず、この女に石を投げなさい」との「静かなひとこと」の真実、リアリティが、律法学者たちの良心を目覚めさせたのでは？ と思うのですがどうでしょう。

女の場合はどうでしょうか。石打ちの刑を免れた女の体は緊張を解かれて一瞬、柔らかな体を取り戻すことができたでしょう。しかし「これからは、もう罪を犯してはならない」の言葉に、新しい決意よりも重荷を感じたかもしれません。「どうやって、家族を養っていけばよいのか」という現実をもう一度突きつけられたかもしれません。

イエスはイエスで「わたしもあなたを罪に定めない」と言います。ここは「神の子」としての権威をもって発言したのか、あるいは人間であるイエス自身の事実を吐露する言葉であるのか、解釈がわかれるところです。わたしとしては後者の視点に立ちます。「わたしも罪ある者たちの一人だから、あなたを罪と定めることはできない。人は人を断罪することはできない」という告白ではなかったかと理解します。そしてイエスが女に「もう罪を犯すのをやめなさい」と言いつつ、同時にその言葉のむなしさを感じていたのかもしれないとも思います。

しかし、両者の間に不思議な安らぎが生じたことも事実ではないかと思います。いかなる罪をも赦してくださるのは神のみ。それが大いなる慰めとなって、女はその場を立ち去りながら、また同じ環境のなかに置かれるにしても、今までとはちがう明るさのようなものを身につけて歩み行くことができる、という思いがふつふつと湧き上がってきたでしょう。イエスにとっての大いなる慰めは、むなしさを背負い続ける力を人々とのかかわりのなかで与えられている実感を、今また一層強くもちえたということではないでしょうか。

この物語は、罪を宣告されつつ、赦される神という存在によって生きることができる。心の深いところでの慰めが語られているのです。想像力を引き出される物語です。罪は誰にもある、という根源的な認識を促されて、しかも「罪の赦しについての神の慰め」が語られていると読みました。

3　「被造物に対する自由な感謝に満ちた奉仕」について

神の赦しによる慰めを得て生きることを受容した者には、神からの要求が何であるかを知ることができるところへ導かれます。

ドイツに生きる場を与えられている者にとっては、強大な国家権力のもとにおかれていても、神からの要求を見失うことはない、という主張ですね。

まず、国家権力の過ちを直視することができる。国家が排除しようとしている人々、とりわけユダヤ人に対して、神が造られたものと見ることのできる自由です。

その自由は限界づけられた日常生活であっても、自分のできる他者への奉仕を生みだすことができる。たとえ忍耐しなければならないとしても、創造者の被造物への祝福という一つ一つの事実、人との関係性のなかで生じる事実にキリスト者は支配されるのです。国家権力に支配されるのではありません。福音主義的キリスト者の現実は、苦難を強いられても、その苦難は忍耐を、忍耐は練達、練達は希望を生みだしていくことを信じての行動です（ヒトラー暗殺計画のほう助に処刑を予想しつつ祈り続けた牧師ボンヘッファーのように。またリトアニアの領事館に赴任していた日本の外交官・杉原千畝《ちうね》が日本に引き揚げの汽車に乗っている間にもキリスト者として「ユダヤ人へのビザ発給」をし続けたように）。

希望は、見るからに晴れ晴れしたものではなく、政治弾圧下では、さまざまな抵抗を起こさざるを得ない。どのような抵抗がいちばんよいのか、検討し合うことが必要であっても、誰もが同じ道を選ばねばならないということはありません。さまざまな抵抗の仕方を認め合い、つなぎ合わせていくことが、神への感謝に満ちた奉仕の実態になるのだということです。奉仕に与らせていただく喜びは、自分の良心、あるいは安心だけのためでなく、他者の幸せにつながる道筋をおのずと生みだします。「神の力ある要求」に応える。その中身は当然のことながら、決まりきったもの、画一的なものではありません。人との関係のなかから生じてくるところで予想されない事態を含めてのことです。あくまでも他者や事柄への想像力を引き出されながらの対応です。まさに、イエスのなしていたことです。

4　「イエス・キリストによる義認と聖化」について

この表現は、伝統的な神学用語です。今日読んだ聖書のなかにあった「義と聖と贖い」のなかの言葉を歴代の教会のなかで定着化させてきたものです。いってみればキリスト教倫理の概念です。

字面だけの解釈をすれば、神が人間の罪を赦し、神の前に立ちうる義人として認められたキリスト者ということです。（外典には証し物語が多い）

とはいえ、先ほどの「姦通の女の物語」で申し上げたように、貧困を強いられていて、人間の現実社会では「義人」として生きられない。聖い生活＝聖化を目的として生きることは、どうしようもなく、現実への無関心さを招いてしまうでしょう。汚れざるを得ないような生活のなかで、どのようにキリスト者でありうるか、という問いのほうが大きいと思います。現実の政治社会のなかで生きるには、抵抗の中身がいくつにも枝分かれしており、そのなかのどれか、いくつかを選ぶよりほかないことを見てきました。聖化を文字どおり求めていくとすれば、生活から分離した宗教生活への集中とならざるを得ないでしょう（『大いなる沈黙へ』という一一世紀から続いているフランスのグランド・シャルトルーズ修道院を実写した映画のように）。そんなことを宣言文が、言っているわけではないことは明らかです。

とすれば、神からの赦しを得た喜びを、現実生活のなかで表現していくには、イエスがそうであったように、大きな命に貫かれ、運ばれ、受け入れられ愛されていることを感じて生き抜くことです。そこでは、大いなる方、神の知恵が想像力を引き起こして、場になった生き方を起こしてくれるでしょう。イエスは、聖化を目標にしなさい、とも他人から後ろ指をさされるようなことがあってはならない、とも言っておりません。想像力を働かせながら現実に直面していかれたのです。他者と自分とがともに生きられることを求めて、です。

「義」とは、「神の国」＝「神の支配」を受け入れることです。「聖化」とは、国家権力の支配ではなく、「神の支配」に身をゆだねることです。「贖い」とは神の赦しに、全幅の信頼を寄せることです。

わたしたちが、今日の時代のなかで、イエス・キリストを信じて生きるということは、神の知恵たる想像力をもって生きることなのです。いたずらに現代科学の提供する知恵にのみ依存することではない。さまざまな障がい者や、野宿者また他国籍の人にも与えられている他者と生きられる想像力です。生活の諸領域で生きていくには、想像力を働かさなければ、キリスト者の本命である命の喜びを表現し、実践していくことはできないのです。

ドロテー・ゼレという女性神学者が、『キリスト教倫理の未来』（一九八七年）という本の中で、「今やキリスト者の課題は、想像力という『徳』を必要とする世界変革なのである」と言っています、今まで、神学用語として使われてきている「義認・聖化・贖罪」の言葉を「想像力」をもって読みとろう、ということですね。彼女の識見に、私も同感しております。バルメン宣言の告白を現代において実質化していくためには、有効な提言であると思います。ドロテー・ゼレは、こうも言っています。「幻のない民は滅びる」と。

神の知恵は、イエス・キリストをとおして、それぞれの時代社会に生きるキリスト者に、想像力を生みだし続けてくださるという神のわたしへのかかわりに、心と体とが息づいてきませんか。日本のこれから展開されていくであろう国家政策の支配の状況を直視して、自分の立ち位置をはっきりつかんでおきたいと、切に願っております。

（二〇一五年一〇月一八日）

V 生きる

みーんなムダにならない
——神は種を蒔かれた

マルコによる福音書四章一～九節

先週は、聖書研究方式礼拝として、津布楽幸八《つぶらくこうはち》牧師と一緒にマルコ福音書の「種まきの話」を中心に学びました。いつも言っていることですが、一人ひとりが聖書を声を出して読むということは、いいですね。それぞれの声のちがいが、思いのちがいとしても響いてくるような気がしてきます。

特に、「種まき」のたとえ話は、自分自身をはじめ、ほかの人たちがどのように聞いているのかしら、という広がりを感じさせてくれるものです。たとえ話の解説をしてほしいと弟子たちが頼んだので、イエスが説き明かしをしたことになっていますが、津布楽牧師は、「ここにはたくさんの解釈がある。自由な解釈があってもいい」と言われて、何人かの方が、気づいたことを述べられました。わたしもそのとき、幼い子どもの聞きとり方を紹介して、次の説教で採り上げたいと話しました。

じつは、わたしは、この箇所について、前任地のものを含めて記録している説教ノートを繰ってみますと、六回も採り上げているんですね。採り上げた時の状況によって、ウエイトのおきかたをちがえてきました。今日お話しするのは、この教会でも一度採り上げているものですし、恐縮ですけれども、メンバーも変わっているので、やっぱりくり返しておきたいと思いました。『かみさま　おてがみ　よんでね』（横田幸子編著、二〇〇六年、コイノニア社）にも採録しています。

読み返しのきっかけになったのは、四歳の子どもの聞きとりですから、もう四〇年近くも昔のことです。

子どもが、CSの幼児クラスでこの箇所を聞いたとき、おそらく神さまのお話をよく聞けない子は、せっかく、神さまからいただいた種をムダにしてしまうのよ。道端や石地や茨の地に蒔かれた種のように育たない、という話運びであったのだろうと思います。彼女は、何か合点がいかなかったようで、考えるともなく考えながら一日を過ごしたのでしょうか。

夕食のときになって、いきなり「ママ大丈夫だよ。種はムダにならないから」と言い出しました。「えっ?　何のこと?」とわたしが聞き直しましたら、「神さまが蒔いてくれた種はね、ムダにならない。道に落ちた種は小鳥さんが食べたでしょ。石ころのところの種がね、芽を出してひょろひょろでもね、虫さんが食べたと思う。いばらのなかで芽を出した種は、ダンゴ虫さんが食べたと思うよ。だからね、種はみーんなムダにならない」と言ったんです。思わず「ほんと！　そうよね」と答えましたが、ドキリとしました。

四歳の子どもは、まず「ある人が種を蒔きに出て行った」を端的に「神さまが種を蒔いた」として捉えています。それがたとえ話の原点でしょう。けれど大人は、どうしても種の蒔かれた状態を自分たちに引き付けて理解しようとします。「イエスの解説」もそうなっています。が、これは、イエス自身の解説ではなくて、初期キリスト教会のリーダーたちのものであろうということは定説になっています。

当時ユダヤ教の一派としてナザレ人イエスに従っていた人たちの活動の噂は、町や村に広がりました。イエスの言動は伝統的宗教家たちの不興を買います。リーダーを処刑してしまえば立ち消えになってしまうだろうと宗教家たちは予想していたのに、あろうことか、生前のイエスに従っていた弟子たちそれぞれが復活のイエスに出会う経験をして、新しい宗教に目覚めたのです。

イエスが語り続けた神の国は、ユダヤ人だけのものではなく、民族を超えたもの、すべての民族に向けられた福音であることへの目覚めです。当然、語るべき相手はユダヤ人を含めたさまざまな人たちです。それぞれの宗教に帰依している人たちです。その人たちにとって弟子たちの説くイエスの福音は、それぞれの宗教がもっている枠組み、因襲から解き放つものとして受けとめられたのでしょう。とは言え、新しい宗教にも新しい宗教としてのルールがおのずと生まれてくるものです。

キリスト＝救い主イエスの言動に魅力を感じて集まって来た人たちを、新しい共同体に組み入れ、信仰を確かなものにしていこうとするところで、イエスの種まきのたとえ話は、一種の〝教科書〟として位置づけられたのです。このたとえ話の解説を、マタイ、ルカも採り上げておりますが、マルコは、この解説に多少の疑問をもっていたように見受けられるんですね。「よく聞きなさい」「聞く耳のある者は聞きなさい」を強調しています（マタイ二回、ルカ一回、マルコ三回）。

マルコはたとえ話そのものを聞いてほしいと願っているようです。マルコが採録しているイエスの行動面を考えあわせてもそう思います。

ところで、先にふれた四歳の子どもの種まきのたとえ話の理解は、大人の理解の仕方への問題提起になっています。が、子どもにとって、道端や石地や茨の地に落ちた種は、小鳥や虫たちが食べたのだから神さまの蒔かれた種はムダにならないと言っても、それをそのまま大人の理解に当てはめるわけにはいきません。どのように捉え返せばいいのか、長い間考え続けました。恥ずかしいことですが、すぐに思いつくことができませんでした。頭が固くなってしまっていたからでしょう。ようやく応えることができたのは、二〇年も経ってからです。

七〇年代、八〇年代は教団や社会状況などの激動期でしたから、じっくり聖書箇所に取り組めなかったこともあります。が、むしろ時代状況のなかで生きることから示唆されて、懸案の聖書箇所に取り組むことができたのだと思います。

「道端に落ちた種」を食べた小鳥を人間に置き換えてみるとどうなるでしょう。

まず、イエスのたとえ話を聞いている農民や漁民を中心とした人々です。彼らは長い歴史のなかで、絶えず戦争に巻き込まれながら、形のうえでの平和（パックス・ロマーナ）が与えられました。ローマによる「安定した」支配です。が、ローマ皇帝、ユダヤ統治を許されたヘロデ家、神殿祭司らによる課税に苦しめられる実情です。働いても働いてもラクにならない人たちです。権力者たちによって踏みにじられている人たちの姿です。現代に引きつけて言えば、経済の仕組みのなかに否応もなく日常生活の営みが強いられ、格差が広がり、貧困者が増えています。また、国家利益のために、日本の場合は、原発や武器の輸出、集団的自衛権の行使目論見、沖縄基地の強化によって、踏みにじられざるを得ない民衆の姿が容易に想像されます。国家独立紛争中のパレスチナ、ウクライナ、アフリカでも踏みつけられているのは民衆です。

「石地に落ちた種」がひょろひょろ芽を出して、伸びきれないまま、それを食べる虫たちを人間に置き換えてみたら、どんな人たちになるでしょう。

石のような塊になっている宗教的な教義（道徳指標と言ってもいい）や凝り固まっている

差別的社会常識に苦しめられている人たちがイメージされます。罪びと呼ばわりされていた徴税人や娼婦、難病者たちです。イエス自身も「不義の子」として近隣の人たちに見られていました。現代では、セクシャル・マイノリティの人たち、先住民たち、在日外国人も加わるでしょう。彼ら・彼女らを差別してしまうナショナリズム意識の強い「常識人」はいつの時代にも力を振るっているようですね。

「茨の地に落ちた種」は、芽を出してもとげとげに阻まれながらもダンゴ虫のよい餌でした。ダンゴ虫のような人間とはどんな人に置き換えられるでしょう。

山積する問題に向き合い、あえぎつつ叶わないながらも、それらを一つ一つ解決しようと努力している人々のイメージになるでしょうか。自分の意に反して取りこまれている枠組みからの脱出を試みる人たちです。サンヘドリン議員のなかで、イエスの言葉に耳を傾けてみようと発言していたニコデモやアリマタヤのヨセフ、あるいはイエス集団に加わりながら政治的な改革を望んでいた熱心党のシモンやイスカリオテのユダのような少数派も含まれるかもしれません。

イエス時代のみならず現代に至るまで、権力者や多数派の人たちから踏みにじられている人々、凝り固まった常識に呪縛されている人々、社会的個人的な重荷を負ってへたり込みそうな人々、当局に弾圧されている人々、詮方尽きて自死に至った人たち……そのような人たちは、いつの時代にも現存しています。歴史を紐解けば明らかですね。

神は、これらの人々に無関心でい続けているのでしょうか。人の目にはそのように映ります。最近、裁判の審理過程や政策立案過程の可視化（見える化）が求められております。神の働きが可視化されているかどうかで判断するなら、神は何ら実りを与えることもできない無能な存在です。神の種まきの業は、「無力な神」のなすところとしか見えません。あたかも育たない地に落ちた種のように実りを得られない。が、マルコは、よい畑以外のところに落ちた種に目を凝らしているようです。本当にそうだろうか。神の種まきは失敗しているのだろうか。イエスの目を見て、イエスの心を感じとろう。イエスが通り一遍のたとえを語っているわけではないことに気づいてほしい。それが「聞く耳のある者は聞きなさい」というイエスの言葉にこめられているように思います。マルコは、イエスの呼びかけに応え、そして密かに読者にも呼びかけているように思われます。

余談になりますが、ごく最近、教育評論家・芹沢俊介の短いエッセーを読みました。タイトルは意表を突くような『四歳のイエス』でした。

彼が言うには、子どもは幼いうちから、その人の本質を見分ける力をもっている。彼らは、いのちの深いところで、大人の人間性に対するアンテナを内部にもって育ち、その働きを手に入れている。アンテナは、大人の発する言葉やなす振る舞いに向けられていて、その人間に対する好き嫌いの判断にしている。人間のみならず、動植物すなわち生きとし生けるものに払われる平等な感覚と言えるのではないか、と。

　そして、石牟礼道子の『椿の海の記』を読んで心を動かされるんですね。その心動かされた部分を引用してみます。

「淫売という言葉を吐くときの思い入れによって、自分を表白してしまう人たちへの好き嫌いを私は心に決めていた。娼婦のおかれている闇の妓（おんな）たちを慕わしく思っているわたし自身が、大人たちへの密かなリトマス試験紙であった」という彼女の四歳の頃の大人を見ていた述懐ですね。体を売らざるを得なかった女性に対する一般の大人たちの反応を読みとってしまう。たとえば、わたしは、そんなふうにならずに済んでよかったとか、何もそんな職業に就かなければよかったのでは……という思いを言葉の端ばしから聞き分けてしまっていたということです。

　芹沢さんはこの四歳の少女の言葉に圧倒され、ふと、イエスの幼児時代は、と思いめぐらしたのでしょう。史実はまったくわかりませんが、聖書に記載されているイエスの言動からの類推としてひらめいたのでしょう。「このときの四歳の幼児はイエスであった」と。

（社会福祉法人「光の子どもの家」通信№一六四より）


話を元に戻しましょう。わたしは四歳児の問題提起を解くのに長い年月がかかり、たとえの締めくくりになっている「よい畑に落ちた種は、あるものは三〇倍、あるものは六〇倍、あるものは一〇〇倍にもなった」を次のように了解しました。よい畑とは、イエスに出会えることです。イエスは神の国を伝えるなかで「貧しい者は幸いである。悲しむ者は幸いである。餓え渇く者は幸いである。義のために迫害を受ける者は幸いである」と語りました。その逆説性を直感して受けとめることのできた人たちにとって、「実り」は三〇倍、六〇倍、一〇〇倍にもなったということです。

さまざまな事情ゆえに、やむなく苦しみを強いられている人たちにとっての実りは、イエス自身の「神の国」到来への信頼です。イエスの信、イエスの神への信頼は、可視化され得ない現実のなかにも疑いようもなくあることを悩みを抱えた人々は直感し、了解しえたのではないでしょうか。

「医者を必要とするのは、丈夫な人ではなく病人である。わたしが来たのは、正しい人を招くためではなく、罪人（自他ともに罪びと扱いを受け入れざるを得ない者）を招くためである。」（マルコ福音書二章一七節）

（二〇一四年七月二七日）

日本人なら誰でもわかる「天」という発想
――立ち直る人の背後に

ルカによる福音書一五章一一～三二節

『人間になれない子どもたち』というショッキングな題名の本を、ふと書棚から見つけて読んでみました。日本は一九六〇年代、ベトナム戦争の特需を受けて、高度経済成長の時代に突入しました。その経済成長に反比例するような形で、子どもたちの成長はおかしくなり始めたという著者清川輝基《てるもと》さんです。二〇〇三年、この本が刊行された頃はＮＨＫ放送文化研究所専門委員として「メディアと子どもプロジェクト」のメンバーとして活躍していらっしゃいました。

研究所の調査によるとびっくりするような子どもたちのメディア漬けなのです。詳しく紹介するわけにはいきませんが、たとえば乳児時代を拾い上げてみます。

生後四カ月で、母乳やミルクをあげている時にテレビを見ながらの母親が七二％、一〇カ月では八八％、一日二時間以上テレビを見せている親は一七％、一歳六カ月児では一日三時間以上、テレビ・ビデオを見せている親は二七％。

テレビ漬けの赤ん坊はむずかると、母親が抱き上げあやしても泣きやまないのに、テレビをつければ落ち着くそうです。機械音が原点になっているんですね。乳児からそんなふうですから、幼児、小学生、中学生、高校生が、テレビゲームやパソコン、携帯電話にのめりこんでいるとすれば、まともに挨拶できないのも、現実の人とのコミュニケーションをとれないのも、当然な成り行きです。親世代がすでに、そのような時代を経てきているわけですから、人間性という点から見ればなかなか深刻です。テレビ、パソコンをはじめとする機械装置が子どもたちの必需品となっているうえに、食べ物、薬、おもちゃ、衣服、化粧品、等々、子ども向け商品が作られ、子どもたちは今の時代、リッパに消費者として位置づけられている、ということです。

こんな環境のなかでは、子どもたちが本来もっている体の成長も心の育ちも歪められてしまうのは当然でしょう。体の面から言えば、背筋力のなさ、視力の低下、血圧調整の不良、自律神経失調などが子どもたちの体の全体的な特徴だということです。心の面から言えば、感受力を司《つかさど》る脳の前頭葉の発達は一〇歳ぐらいまでに育つのが自然なのに、親や友だちどうしとの濃い人間関係（ケンカやいざこざを起こしながら助け合いや協力し合いをする経験）がなく、メディア任せになっているので、脳の前頭葉が育たない。つまり、自分も他者も命ある存在だという感覚が希薄だということです。

　このような子どもたちの危機状況に対して、清川さんは言います。文科省が今さら「家庭教育をしっかり」と何百回言ったところで何にもならない。家庭じたいが歪みを受けてしまっているのだから、ここは地域社会のなかで危機を感じた人たちが、子どもたちの遊べるところ、人とかかわるところを作り出すほかない。いろいろな試みが始まっている。そのさまざまなケースを紹介し、さらにそれらを広げていく社会的な活動の必要性を呼びかけています。

　わたしも新聞に掲載される大人や子どもたちが人間性を取り戻す活動の試みを拾い上げては、わたしのかかわっている松本市社会協議会主催の「やまなみ学級」でよく話題にしては、考え合ったり、活動に生かし合ったりしています。

　教会の子ども礼拝は、幼児から小学校六年生まで十数人、礼拝のほかに担当の大人もいっしょになって、共同作業やゲーム遊び、劇ごっこを楽しむのがいつものことです。

　さて、今日採り上げた聖書箇所は、自己中心的な行動をとった若者が挫折して立ち直り、その立ち直りをしっかり受けとめた父親の物語です。結論を先に言いますと、「今の時代は家庭を基盤に考えられない」という清川輝基さんとはちがう見方を提出していると読むことができます。

イエスがこの物語を「たとえ話」として語ったということは、たとえの本体――もとのものがあるということですね。聖書朗読を聞いていて、何をたとえたものなのかお気づきいただけたでしょうか。ひとことで言えば、人間の悔い改めを待っている神についてのたとえなのです。そのものずばりで話せば、「悔改めの必要」をマジメに語ることになる。それではシラケてしまう人間・わたしたちであることは現代も昔も変わりません。そこでイエスは「たとえ話」という方法をとっているのです。

物語の筋を想い出しながら、その根本にある思想を探ってみましょう。

ある人に二人の息子がありました。息子たちは、いつの時代でも父権力に反抗的なようです。父親からの自立と言い換えることも可能です。弟息子のほうはそれを態度ではっきり表しました。この家を出て行きたい。毎日まいにち空模様を気にしながら、一日にしなければならないことが決まっている農作業にうんざりしていました。人間が生きる世界はもっと楽しい広がりをもっている、と漠然と想い描いて、ついに口を切ります。

それにしても資金が必要だとぬかりなく交渉を開始します。父親の財産は死んだときには分与される。それを前出しして今分けてもらえないか。これはなかなか大胆な物言いです。遺産相続は、財産保持者が死んでから相続されるのが今でも当然でしょう。早く財産分与してもらいたいがために、父親殺しの推理劇がテレビや小説に多くあるわけです。古代では、王位争いの場面に登場してくることがあっても、ふつうの人間の場合にはありえないことです。イエスのたとえ話は奇抜です。

　この物語では、弟息子がやってのけるんですね。父親は息子の言い分を素直に受けとめて「ではそうしよう」とさっそく、二人の息子に財産分けをしました。すっかり分けてしまったら、父親の分はなくなってしまうはずですが、そういうふうにはなっていないようです。財産を自分のものとして采配を振るう場面が続いているわけですから。ともかく、物語の筋運びとしては、弟息子の財産を欲しいという申し入れを、何のとがめ立てても、どう使うのかを聞きもせずに、受けとめてしまいました。そんな親なんて許しがたいという思いがチラつくところでしょう。弟息子も内心は半信半疑であったのでしょうけれど、トラブルもなく、分け前をもらえたところで、さっそく、配分された土地や家畜を全部お金に換えて希望に満ちた世界を目指して旅立ちました。

　旅に出てみると、見るもの聞くものがみな新しいものばかりで、彼は惜しみなく散財し続けました。欲望の赴くままに生きられたのは、どのくらいの年月であったのかはわかりません。やがて、欲望を満たすための資金は底をついてしまいます。そんなとき、たどり着いた地方が飢饉に襲われて、働いて金を得るところもないありさまになってしまいます。弱り目にたたり目のダブルパンチを受けてしまいました。

　やっとのことで豚飼いの仕事にありついたものの、賃金などはもらえず、食住が与えられるだけのようでした。食事も十分ではなく豚の食べる餌のいなご豆でも口に入れたいと思うほどになります。ユダヤ人として豚にかかわることさえも汚れたことなのです。豚肉を食べるのは異邦人であって、ユダヤ人としては固く禁じられていたことでした。自分はもうユダヤ人とも言えないのか、という思いにさいなまれます。ユダヤ人でないばかりか人間でもないというどん底に落ちたところで、からくも、想い出せたのが、ふるさとの父の家です。

父のところは食べるものが豊かにある。大勢の雇い人があり余るほどのパンを口にしている様子が鮮明に想い起こされます。そこに戻るよりほか、生きのびる道はない。しかし、とても息子として帰ることはできない。追い返されるのがオチにちがいない。可能性があるとすれば、雇われ人の一人となって働かせてもらうことだと考えつきます。

それだけの筋道を考え出せたのはひょっとしたら、小さい頃から聞かされ続けてきた「神さまが見ている」ということではなかったか、と想像します。「神さまが見ているから悪いことはできない。神さまが見ているから大丈夫」という三次元思考が働いたのではないかと想像するのです。

三次元思考という耳なれない言葉を使いましたが、わたしたちはふつう二次元思考の世界に生きています。メディア漬けになっているという子どもでさえ、「人にどう見られているか、どう思われているか」という類いの人の目を気にする生き方をもっていると思います。テレビゲームをもっていなかったら、携帯をもっていなかったら、仲間はずれにされてしまうという思いに強く支配されているでしょう。人との関係がそれだけだというのが、最初に紹介した『人間になれない子どもたち』で著者が言いたかったことだと思います。

しかし、聖書物語の主人公の場合は現代人と同じように自分の欲望につき動かされて、塗炭の苦しみに直面したときに、彼は帰るべきところを想い起こすことができた。想い起こすことができたのは、父親あるいは他人と自分という存在以外に、第三者である神に気づいたからでしょう。彼は父のところに帰ってこう言おうと思います。

「お父さん、わたしは天（神）に対しても、またお父さんに対しても罪を犯しました。もう息子と呼ばれる資格はありません。雇い人の一人にしてください。」

言ってみれば、弟息子は豚飼いの仕事につき、豚の餌を食べたいと思った、そんな自分をユダヤ人同胞は許しはしない。神はこんな自分を見捨てるだろうか。そんなことはない。神は自分と父親との新しい関係を示してくれるだろう。それが父親に対して息子としての関係ではなく、雇い人と雇われ人との関係だ、と思い至ったのです。人との関係しか目に入らない「二次元思考」ではなく、神を含めた「三次元思考」で、物事を平面からではなく立体的に見ることができたからです。

では、神の存在など知ろうともしない人にとっては「三次元思考」は成り立たないのか、という疑問が生じると思います。しかし神の存在を信じなくても、人間の神秘さというものに気づくことはあるでしょう。メディア漬けになっている子どもがあるとき、人とのかかわりのなかで、今まで見せたこともない笑顔を見せたことに驚くということがあるでしょう。子どものいのちの不思議さに垣間気づくということもあると思います。今の常識世界、置かれている環境のなかからはみ出す不思議があります。ふと見せられてしまった、気づいたその不思議を「いのちの不思議さ」と見ることができればそれは「神」と置きかえることもできます。

つまり、親と子の関係のなかでは、出来事についての平面的な把握しかできなくても、「自然の力」とか「いのち本来の力」とかに気づかされることによって、親子の新しい関係を見直すことができると思います。野宿者とのつきあいのなかでも見ることができます。今金をもらう人と与える人という関係ではなく、「寒いけど、雪景色はきれいですよね。今日はどこを歩いて来たの？」というひと言が、自然界に包まれているお互いを想う気持ちになれます。

聖書物語の筋追いからちょっと離れてしまいましたが、弟息子の立ち直りの背後には、父息子の関係を超えた神と人間とのありようが示されているわけです。「天に対しても、お父さんに対しても罪を犯しました」という言葉は、「三次元思考」に立った者の言葉です。自然の力、いのち本来の力と置きかえてみてもよく、また、わたしたち日本人にとっては「悪人にも善人にも太陽を昇らせ……雨を降らせてくださる」ところの「天」という発想は身近なものではないでしょうか。明治維新革命の最大の立役者・西郷隆盛の座右の銘は「敬天愛人」でした。彼は聖書にまったく触れたことがないにもかかわらず「天はあらゆる人を同一に愛する。ゆえに我々も自分を愛するように人を愛さなければならない」(『西郷南洲翁遺訓』、岩波文庫)と述べることができました。これぞ「三次元思考」なのでした。そして今も、西郷さんは、大衆のヒーローであり続けているのです。

信仰者にとっては神なる方の存在を無視し続けていた生き方の悔い改めです。悔い改めという聖書によく出てくる言葉は、メタノイアといって一八〇度の転換を意味する言葉です。この転換は人間の誰もが心の内に隠しもっているものなのです。人間の本質部分と言ってもいいでしょう。聖書はこの人間のうちに潜んでいる「転換力」を呼び起こす手だてとして、さまざまなことが記されている書物と言ってもいいでしょう。

弟息子の心は、生きることにつまずいた、言わば絶望的な状態に置かれたところでよみがえりました。神からの呼びかけをキャッチしたのです。お父さんへの罪は倫理的なものです。子として赦されがたい行動への謝罪を形として表そうとしたんですね。この弟息子の立ち返りは父親に対してだけではなく、「天＝神」への立ち返りでもありました。一八〇度の転換をした弟息子への喜びを父親は、このうえもない祝宴を設けるという形で表しました。外面ではなく内面としての子と父との新しい関係こそが「神が、人間に求められていることなのだよ」というのがイエスのこのたとえ話の意味です。一般的な言い方に置きかえるなら、神なるものを想定して考えるという三次元思考ができ、他人との関係にもゆとりをもって見直すことができる、ということですね。

しかし、イエスのたとえ話を受け容れられない人間もいるということについての付言が兄息子の話です。詳細な読み解きは、時間の関係で割愛します。

人間の立ち直りの背後には二つの働きがあることを述べてきました。

一つは、冒頭に紹介した清川輝基さんの「家庭から社会」への提案です。今の時代において有効な「人間になること」への手だてであると思いますが、同時に、二つ目として、聖書の呼びかけはいつの時代にあっても変わることのない人間の根底への目覚めを伝えるものであることです。

イエスのたとえ話は、古くて新しい。三次元思考は、いつの時代にあっても生き方を新たに立て直してくれるものではありませんか。

（二〇一〇年四月一五日）

混迷・不安・恐怖からの癒やし
――悪霊追放物語

マルコによる福音書五章一～二〇節

3・11救援に応じる台湾のターリ牧師

はじめに、東日本大震災のための募金をめぐっての話をさせていただきます。日本基督教団としては、東日本大震災救援募金として、国内として一〇億円を目標にしています（現在六億円強）。海外からは、早い時期に二億三三三七万円お捧げいただいており、そのうち、台湾からは八二六〇万円余りで、全体の三五％を占め、さらに「教団が募金運動を続ける限り、台湾基督長老会も募金を続ける。ボランティアも続けて送りたい。台湾にとっても日本は大切な友人、兄弟であるから」と、総会議長ブシン・ターリ牧師の発言があったことが教団新報に報告されていました。

居合わせた日本側の人たちは、いたく感激した様子を行間から感じとることができました。援助金が現実に寄せられることはありがたいことにちがいありません。が、わたしとしては、援助金を送ろうとした台湾側の姿勢に心打たれるものがありました。台湾キリスト教会は、「第二次大戦下における日本基督教団の責任についての告白」のなかで、戦争に荷担し、キリスト者として「見張り」の役をないがしろにした反省をしっかり受けとめて、中国本土政府の強権発動に抵抗し、その現実に立った「信仰告白」を発表しました。できて間もない頃、わたしは日本の在日台湾教会の牧師から「告白」文を見せていただいたのです。指導者たちが獄に入れられることもいといませんでした。かつて、日本人がとった暴虐の行動を「悪霊の業」として捉え直して、このたびの東日本大震災への友好関係をつくり出してくれたのだと、わたしは密かに想像したのです。

教団新報（四七七〇号）は、日本の教会が台湾の教会に「信仰の種」、「友情の種」、「人権の種」＝「一粒のからし種」を蒔いてくれたからだ、というブシン・ターリ牧師の言葉を中心にしてまとめられていたのですが、そこには、かつて、台湾を植民地化した反省などまったくない現在の日本基督教団のありようを映し出しているように思えてなりませんでした。

台湾原住民出身のブシン・ターリ牧師の指摘した「悪霊」は、どの国にも本当のことを話せない時代があったこと、政府は四年前に生じた大洪水（日本は直ちに支援した）の原因を原住民の伐採においたが、じつは五〇年前に国民党政府が伐採したものであった。責任を転嫁する悪霊は人との関係のなかにも教育にもあるという。人を傷つけ、命まで脅やかす悪霊は、戦争は言うまでもないが、経済至上主義のなかでも跋扈《ばっこ》する。原発事故はその最たる例証である。それらの悪霊は、わたしたちの心の中にも働いているという指摘に、魂のゆさぶりを起こされたわたしでした。

「悪霊」にとりつかれた人

今日は、ブシン・ターリ牧師の証言に促されて、三つの福音書が採録している「『悪霊』にとりつかれたゲラサ人」の話を採り上げ、ご一緒に考えていただきたいと思います。すべての癒やし物語を歴史的に起こった事実だと判断することはまちがいだということはたびたび申しあげてきました。逆にすべてを荒唐無稽な作り話と決めつけてしまうこともまちがいであると言ってきました。どの話が事実でどれがフィクションであるかをはっきりと判断することはできないのですが、おそらくは実際に生じたことが、話の出所となっているとみて差しつかえないでしょう。

とりわけ、イエスが癒やしたと言われる病人のうち、「悪霊」につかれた者が比較的に多いのは、その病気が何らかの形で、精神・神経系統に関連して生じたもののようですから、イエスの出番だったのでしょう。イエスは、そうした人々の「弱さ」に「共感共苦」するこころをもっていたので、ほかの悪霊祓い師たちよりも人気があったようです。それで癒やされる人たちの証言が「奇跡物語」として伝承されたと考えることができます。

現代でも、精神・神経系統の「うつ」症状を起こしている人たちが少なくないことは常識になっています。学校の教師や公務員という一見安定した職業に就いている人たちが、ただでさえ書類作りに追われているのに、いじめや体罰調査書なども増えて、肝腎の子どもへの心配りができなくなっていることが、教師たちの「うつ」を引き起こす原因になっているようです。公務員は割り当てられたタスク（課題）をミスなくすませることに追われる労働強化や、非正規雇用による労働者の分断が強いられるなかで、本当の労働の意味がわからなくなっていることから、心がむしばまれてしまうことが多いのでしょう。何かおかしい・まちがっていると思いながら答えを得られない事態に直面している人たちは「混迷を強いる悪霊」に捕らえられていると言えるかもしれません。

原発をめぐる労使関係や、家族をまきこんでの言葉のやりとりのなかでは、ブシン・タ－リ牧師の指摘している「何も言わない悪霊」の働きが蔓延せざるを得ないでしょう。少しでも自分をよくみせよう、自分を正当化しようというところでは、原発にかかわる科学者・政治家をはじめ「責任転嫁の悪霊」も活発化するでしょう。それらの職場に直接かかわらなくても、鋭い感性の人は、時代の暗く重たい空気をいち早く察知して、不安に襲われ、心を病むことが多いのが現代の特徴と言えます。

そんな現代とはかなり離れているはずの古代ユダヤ社会・素朴な農村社会で、精神・神経系統の病気が多かったなんて、即座には理解しがたいかもしれません。が、多かったのです。その理由を簡単にお話しします。

諸国家を手中に治め、巨大なローマ帝国を築き上げて、ヘレニズム文化を導入した時代におかれていた人たちは、経済生活のすみずみにまで帝国支配が入り込み、文化的言語的にも、支配の網が緻密に広がっていました。まさに植民地支配の現実ですね。強大な異質な文化に呑みこまれていくような現実に直面するのは、それだけでじつに大きな精神的な重圧となっていたのでしょう（台湾の場合も同じ）。

経済的には、ユダヤ人社会の慣例として神殿税を収入の一〇分の一納めねばならない義務がある。現代日本で問題になっている消費税を五％から一〇％よりも、もっと大きいでしょう。加えて、ローマに人頭税、道路交通税が求められているのですから、経済的な圧迫感も大きかった。それでも貧しければ貧しいなりに生きていければいいという安定感が素朴な農漁村社会にはあったでしょうけれど、植民地支配下の文化や言語の押しつけは精神的な重圧であったと思います。現代のように自ら求めてＩＴ文明を取り入れていこうとする風潮とはまったくちがいます。

以上のような古代ユダヤ社会を想い浮かべていただければ、「悪霊」にとりつかれていた人々つまり、精神的な病を抱えこんでしまった人々が多かったことも納得できると思います。

さて、ゲラサの領域に住んでいる人がイエスに出会った話に入ります。ゲラサはガリラヤ湖そしてヨルダン川東の対岸にある地域ですが、その人は汚れた霊にとりつかれ、「町」や「家」から「墓場」へと強制的に追放隔離されておりました。昼夜の区別なく、墓場にいてもわけのわからないことを大声で叫んだり、自分自身を石で打ちたたいていました。そこから逃げ出せないように足かせや鎖で縛られているのですが、それを引きちぎってしまうこともありました。ふつうの人でも「火事場のバカ力」を発揮することがあるように、精神を病んでいる人はものすごい力を出します。病院に入院しているある信者の方がベッドをこわし、カーペットをはがしてしまって、わたしが呼び出されたことがあります。その人たちのとてつもない力は、狂気の力というよりは、むしろ人間として「自由」に生きたいという強い願いから生み出されたものなのだとわたしは思います。

墓場を住み家としている人は、人々から「差別」され、「孤独」を強いられ、「放置」されている現実を「足かせ」や「鎖」によって突きつけられていたでしょう。大方はそれらの現実を受け入れて、自らも「墓場」を住み家とすることを納得していたのかもしれませんが、ときには「大声」を上げるだけでは物足りない思いが爆発して、「足かせ」や「鎖」を砕いてしまう。もはや、誰も縛りつけることができない。そこで、彼は村や町に出かけることもできるようになった。けれども、大勢の人に押さえつけられ、追い返されてしまうことがたびたびあったのかもしれません。

それでも、イエスという預言者が、あちこちを巡り歩きながら、病気を癒やしている噂を捉え聞いたのでしょうか、あるいは、それを聞かせることがせめてもの村人の好意であったのかもしれません。ある日の噂は際立っていました。イエスという預言者が、ガリラヤ湖を舟で渡って、ゲラサ地域に来る、というのです。

墓場の住人は一〇〇％廃人になっているわけではなかったことが、話の進み具合から窺《うかが》われます。人々にとっては手に負えないような狂人の振るまいをしながら、また自分自身にも自覚できないけれども心の奥底にあるのは、他者への愛を求める思いではなかったかと思われます。噂で聞いたことを直感して、預言者イエスに会いに行くべきだと決断したのです。

聖書は「イエスが舟から上がられるとすぐに、汚れた霊に取りつかれた人が墓場からやって来た」と記しています。さらに六〜七節には「イエスを遠くから見ると、走り寄ってひれ伏し、大声で叫んだ。『いと高き神の子イエス、かまわないでくれ。後生だから、苦しめないでほしい』」。何と、彼の口をついて出てきた言葉は、心の奥底にある人間として生きたい願望ではなく、今、彼の体・心を支配している主人公なる「悪霊」の言葉なのでした。

イエスはすかさず「汚れた霊、この人から出て行け」と言われた。文章的には後先が逆になりますが、どちらでもいいでしょう。イエスは、続けて「名は何というのか」と問いただします。墓場の住人のなかに住みついている「悪霊」の答えは「名はレギオン。大勢だから」。

この言葉は、象徴的です。「レギオン」は、当時のローマ帝国の正規軍（百人隊六隊から成る中隊一〇隊で編制された一個師団、約六〇〇〇人）の名称なのです。彼が病を得たのは、ローマ帝国の支配に起因していたことが容易に想像されます。さきほど採り上げた文化・言語の支配下におかれた人たちが、精神的な圧迫を受けていたということが、一人に対して向かってくる「六〇〇〇人」という数で表現されている、とみることができます。密かな帝国支配への批判と読みとってもいいでしょう。精神的な病を抱えこんだ人たちは、多くの場合、時代社会あるいはおかれてきた環境への批判が底流としてあるのはまちがいないと思います。言葉として全うに表現できないからこそ、体に症状を出して、「抗議」しているのです。

現代人と古代人がちがうのは、古代人は、病を「悪霊の仕業」とみているところです。悪霊が、体・心の中に住みついて、当の本人にはなしえないことをしているという理解が、古代人の常識であったところです。悪霊が生きものを住み家とするということも人々の承知していることでした。

そこで、悪霊はこの人から出て行くから代わりに豚のなかに住まわせてくれと懇願します。イエスが許すと、彼——墓場の住人の内に住む悪霊は、豚のなかに入りこんで行きます。男の体に入りこんでいた悪霊は豚に乗り移り、二〇〇〇匹の豚は突然走り出して、湖の中に飛び込み、溺れ死んでしまいます。

ここまでローマ帝国への批判を徹底させて、物語伝承がなされていたのかと、民衆の底力に思わず賛同の笑いがこみあげてきます。ユダヤ人は豚肉を決して食べませんが、食べるのは、かの六〇〇〇人のローマ軍団です。ローマ帝国への批判が物語の底流にあったことがはっきりします。直接話法では言えないことが、悪霊追放物語として語り継がれているんですね。墓場の住人は悪霊から解放されて正気を取り戻しました。

豚飼いたちは事の次第をオーナーに告げると、オーナーもほかの村人たちも駆けつけて来て、ただならない事態を知り、イエスの一行に、ここを早く立ち去ってほしいと申し出ます。ローマ軍団にイエスの仕業だと知られることの余波を咄嗟に思ったからでしょうか。悪霊追放者イエスとのかかわりが自分の身に及ぶことを恐れてのことだったでしょうか。

癒やされた男は、長い間の苦しみから抜け出ることができた喜びを、新しい人生の出発点にしようと、自分も弟子の一人にしてくれと申し出ます。が、イエスは言います。

「自分の家に帰りなさい。そして身内の人に、主があなたを憐れみ、あなたにしてくださったことをことごとく知らせなさい。」

男にはイエスの愛ある言葉が通じました。

そこを静かに立ち去って行きます。そして故郷の人々にイエスのことを伝える人生を歩み出すのでした。

イエスは、彼のやり直しの人生を彼の身近な人の場所でしていきなさいと言われた。主の憐れみによって与えられた当たり前な生活を穏やかに、元気にとり戻していくことを望んだのです。もっとも基本的な、福音に生きるありようです。

それは、たぶん、宗教的な集団、組織としての大きさ、力を誇示するありようとはちがって、福音に生かされる一人ひとりの存在への祝福こそが、イエスの、悪霊追放の真意なのだ、ということではないでしょうか。

ブシン・ターリ牧師の、自分の内に住みついてさまざまな悪しき思いをつくりだす「悪霊」を、祈りによって、信仰によって追い払っていこう、という呼びかけもイエスのこころを受け継いでいることをわからせていただけたと思います。

〈祈り〉

創造主なる神さま、み名を賛美いたします。わたしたち人間は誰しも、高齢化による肉体的な衰えや、痛みを抱えざるを得ません。若者であっても、時代から暗黙のうちに強いられる不安や悲しみ、怒りを抱えこみます。そこに、のめりこんでしまうとき、「汚れた霊、出て行け」というイエスの言葉を聞きとらせてください。そして立ち上がることができますように。主イエスの支え、とりなしてくださる恵みに信頼を寄せることができますように。助け主なる方のみ名によって祈ります。

アーメン

（二〇一三年四月一四日）

平和をつくり出す力
――「神の国」はあなたがたの間に

ルカによる福音書一七章二〇～二一節

政府の平和とわたしたちの平和

はじめに、教会主催の反戦平和集会についての報告をさせてください。講師の鵜飼哲さん（一橋大学大学院教授）は、塩尻の集会はいつも問いを交わし合えている。昨年は牧師の問い、今年は三人の問いかけから始まった。このことじたいが共に生きようとして集っているというわけで、ほかの集会には見られない、と最初に喜びの言葉をくり返されました。問いをもって集まる心の構えがあるからこそ、何かを通い合わせられる。何かが何であるかを言い当てられない難しさはあるが、それぞれが感じとることができる、ということがあるのではないか、という語り口で始められたので、会場はうだるような暑さでしたが、さわやかな空気が広がっておりました。

振り返ってみれば、礼拝は基本的にはそのような形をとっていると思います。講演の内容は、今回はテープをとりましたので、そのうち、活字にしたものをご希望の方にさしあげることができますが、当日、裏方になっていた教会の方々のために、いくつかポイントアップしてご紹介いたします。

まず、塩尻在住のKさんは、わたしたちの選んだ政府が、憲法や教育基本法の改悪を提案し、日本が世界各国との紛争に巻き込まれ、戦争を余儀なくされる道を選び取っている。政府を選んだ大多数の国民は何を考えているのか、平和を求めているのかいないのか、という矛盾に満ちている現実からの疑問を出されました。

松本在住のYさんは、「わたしたちとはいったい誰なのか」。たとえば「わたしたち長野県民」、「わたしたち日本国民」、「オレたちHクラブ」……と呼びかけられると、「オレはそこに入ってないよナア」と思ってしまう。自分が「わたしたち」とリアリティを感じられるのは、政府の戦争準備態勢に抵抗して弾圧されている人たちだったり、過重労働を強いられている人たちだったり、仕事に就けないニートと言われる人たちであったり、また、イラクやアフガン、パレスチナで命の危険にさらされている人たちであったりする。

「わたし」が「わたしたち」となっていくことは、とても大切だと思うが、どのように「わたしたち」を構想していったらいいのか、という問いでした。

当教会のOさんも、「わたしたち」とは誰と誰のことなのか、差し当たって「わたし」

は、いかなる者かと考え始めてみると、結局、多くの「わたし」は、毎日発射されている情報ミサイルに砕かれて「わたし無きわたし」の群れをなしているのではないか、「一般市民」「国民」に解消されてしまっている「わたしたち」は身の回りの事柄に追われている。そのわたしたちにどのようにして平和がつくり出せるというのか、どのような状態を平和として互いに了解しうるのか、という問いを前提にしてキリスト者である自分を見つめ直しています。

自分が攻撃され続けるイメージから自分を守ってくれるイエスに出会えた。そのイエスから「神を愛し、自分を愛するように隣人を愛しなさい」という方針を聞いてきた。限界をもった「身体で生きる人間」として自分にできることは、身辺にいる人間どうしの誤解や憎悪をときほぐすことではないか。キリスト者には、絶望は許されない。知識労働者とそうでない労働者の間に横たわる溝をそのままにしておくこともできない、と感じている。キリスト者である自分は自分が出会う「隣人を愛する」ことのうちに両者の重なりあいがあると思っているが、神なしで生きる鵜飼さんの場合は、両者の溝を埋めるものは何か、という鋭い問いでした。

鵜飼さんの応答は、三人の質問者の前提に「民主主義」的な感性があることを見取って、民主主義を考えていくうえでの整理をしてくれました。

世界で民主主義国家を標榜していない国は、今ではごく少数。フランス共和国をはじめとして、中華人民共和国、大韓民国、朝鮮民主主義人民共和国、そしてレバノン共和国、イラク共和国、イラン回教共和国、アフガニスタン共和国。アフリカの新しく独立した国は全部共和国です。国家体制としては、民主主義を採り入れているわけです。

日本は戦前は大日本帝国でしたが、今は日本国。沖縄やアイヌはすっかり同化されているので単一民族という理解なのでしょうか。それとも象徴天皇制を憲法に位置づけているからでしょうか。多くの国家が形態としては民主主義を採り入れていますが、中身はとても民主主義にはほど遠いという国があることも事実です。ほとんどかもしれません。日本人は、北朝鮮が民主主義国であるとは露ほども思っていない、と言っていいでしょう。

アメリカは、中東諸国を民主化しようと躍起になり、南米のベネズエラ共和国は独裁主義国家と決めつけている。首相や大統領が強力な指導力を振るっているところは、他国から見ると独裁主義国家に見えてしまうのかもしれません。実際、民主的な手続き、方法、施策が未成熟な国は多い。だからと言って、アメリカが「世界の民主化」を大義名分化して侵略的な行動を起こすことは許されないことです。そもそも「アメリカ合衆国」が「民主的国家」であるとは、わたしにはとても思えません。

一国のなかで民主主義が育っていくことは、大変時間がかかり、また血で血を洗うようなことを生じさせてきてもいる（フランス革命以来のヨーロッパの歴史を思いめぐらしている人も少なくなかったでしょう）。日本も現在的には国内紛争を起こすまでに至ってないとはいえ、弾圧体制を徐々に敷いているから、どんな状態が起こるかわかりません。

鵜飼さんの話では、日本がアメリカと価値観を共有していると言われているけれども、政府も多くの人々も日本全土が沖縄化されているという現実を見ていない。沖縄が米軍基地の七三％を引き受けてはいるが、本土は安全と見ている、と指摘します。東北の三沢基地の米兵が三沢の女性に暴力を働いてもニュースにならない。沖縄だったら、すぐに問題にするほど県民が日米安保の実際に立ち向かっているが、東北地方では、声を挙げる必要性を感じないほど、アメリカの政策を受け入れている、ということのようです。

民主主義体制を採り入れてはいるけれども未成熟のままの諸国家間では、平和についての合意が歴史的には成り立っていないのが現状です。しかし、単一国家としての平和主張はなされている。いずれも他国との利害関係のなかでの平和主張です。言ってみれば、軍事力を後盾にしての自国の平和論ですから、「政府の平和」ははっきりしている。その意味では既知数としてのものです。つまり政府は、国内に対して、安全のためには「備えあれば憂いなし」という方針を立てるんですね。しかし、一九世紀以来の国際政治を見れば、備えが憂いを生んだのは明らか。安全と平和はちがう。たとえば、テロリズムは害虫として捉えられ、退治すれば安全になるという考え方です。日本は、アメリカのこの方針に従っているわけです。そして、アメリカの中東戦略の最前線になっているのが日本全体です。沖縄だけではない。政府も国民もこの構図が見えていない。

英語圏では「わたし」と「わたしたち」とは、まったくちがう概念であるが、日本語の場合は、わたし→わたしたち、我→我々というように「わたしたち」の中に「わたし」がすっぽり入っている。わたしたちが提案した集会のテーマ「政府の平和とわたしたちの平和」について、この国の、この世界の、この時代を生きる人々の直面する課題、政府を選んだわたしたちが政府とわたしを乖離させてしまう実態を簡潔に言い当てているものであると読み解いてくれました。

国民の身体的安全性を技術的に完璧にしていけばいくほど、個人の精神的な安全性は、失われていく。政治権力によって全体の平静さを保とうとする試みには大きな危険が伴う。人を物化していくプロセス。「わたし」における平和と精神における平和は、一つでなければならないことを誰もが心の奥で考えてはいる。これを考えるところにたえず立ち返らなければ、わたしたちの平和は求められない。これが平和だと答えが出たとたんにそれとは真反対のことが起こってしまう、ということが歴史的な事実としては多いということであって、単純に答えが出ないということをネガティブに考えるのではなく、積極的な問いとして捉えるほかない。それが民主主義を実体化していく道でもある。自主の者として立っていくことである。知イコール情報ではない。情報は一つの知の形であり、武器に変わる脆弱さをもっていることは否めない。イエスの言葉でさえも情報化され、たとえば福音のための十字軍遠征というように変化させられながら、中東の歴史的支配を可能にしてきた。変化させてしまう人間のありようを問題にしなければならない。

だから今、「平和」と「わたしたち」への問いをもち続けていくよりほかないのではないか。問い続けるということが知識人とそうでない者との溝を埋めることになるのではないか。あえて、その問いを政治レベルにコミットさせるなら、答えの筋道は、今、中東から平和をつくろうと意志し、行動することではないか。おそらく諸国の政府も人々もボロボロになりながらであろう。そこにキリスト教のイエスのありようが重なってくるだろう。隣人とは誰かを求めていく道でもある。

わたしの言葉に言い換えてみるなら以上のような要約になります。不十分さは免れないし、まちがいもあるかもしれません。参加者に、平和とは何か、わたしたちとは誰かを問い続けていくという課題が与えられたことはたしかです。講演会が一つの知識を与えるものとしてではなく、参加者の一人ひとりの心を耕し、考え合っていくことを促されました。来年もまた鶉飼さんを招いて、少なくとも問い続けているわたしたちを確認できる会をもちたいということになりました。わたし個人としては、世界情勢を歴史的に検証しながら、幅広い人々との交流や運動にかかわり、問いをもつ人たちと流動的に（党派的にではなく）、生きている様を目の当たりにしました。

知識人としての鶉飼さんは、知を教えるのではなく、知をもって同時代に生きている人といっしょに平和を求めて生きていこうとする姿勢の持ち主でした。イエスの生き方に通じます。わたしたちキリスト者の立ち方と共通するものを感じ、ふさわしい講演者であったと思います。今日における宣教という視点から言えば、この共感をもちうることが「伝道」なのだと思います。イエスの、すべての人に神の祝福を伝える神の国運動への参加なのだと思います。（この集会〈鵜飼さんの応答＝講演〉としては、以後一〇回を重ねることになりました）

神の支配とは

今日は選んだ聖書をとおして、キリスト者であるわたしたちの立つところを再度確かめたいと思いながらお話ししたいと思います。

神の国という概念は、神の支配のことであり、旧新約時代の人々の常識としては世の終わりの時に出現する、と理解されておりました。「神の国はいつ来るのか」という問いがファリサイ派（信仰的に熱心な人たち）から出されているところです。神の国＝世の終わりであることを自明なものとしていた人たちにとって、イエスの答えは、当時においては、はなはだ理解しにくいものであったでしょう。

「神の国は、見える形では来ない。『ここにある』『あそこにある』と言えるものでもない。実に、神の国はあなたがたの間にあるのだ。」

「間にある」というところを何とか平明にしたいと翻訳者たちが考えてきました。

岩波版の訳語では「あなたたちの〈現実の〉只中にある」
聖書学者・上村静は「あなたたちの（手）の中にある」
本田哲郎神父の訳語は「あなたたちの身近かに、もう入りこんで来ている」

いずれも「間にある」という現行の新共同訳よりも、神の国＝神の支配の現在性を捉えての訳語です。これらは、イエスの言葉の真実を伝えていると思います。世の終わりの時にしか、神の支配はあらわにされない（終末論）という考え方が一般に定着していたので、当時の人たちに発想転換を迫るものとして語られたのです。まちがいなく神の国の現在性が伝えられなければならなかったわけです。イエスのいちばん手渡したい神の国の理解です。

そもそも終末待望というものは、現実が絶望的であればあるほど将来に期待を寄せるところに生じるものです。旧約以来、「その日」「かの日」「終わりの時」への切望が表現されてきました。いつの時代にも人間が生きる、生きていくということは耐え難いほどの世の理不尽による苦しみや悲しみ、罪との格闘やさまざまな困難があったのだと想像できますね。一六世紀、ザビエルによって日本に宣教され、誕生したキリシタンたちへの弾圧がむごたらしいほどの拷問をもってしても信徒たちは耐え抜いた。それは天の国への希望においてでした。貧しく、力ない人たちのもちうる忍耐の力、希望の力でした。たとえ自分の一生が暗く惨めなうちに終わることがあったとしても、いつの日にか、人々に平和な日、幸せな日がくるという希望によって支えられるということは人間にとって真実なことです。宗教が提示すべき事柄であると思います。

しかし、この思想、この理念には両義性があります。終末待望ということのみに思いや考えをゆだねて、現実の困難に直面しない。困難から逃げるというもう一方の側面です。極限状態のときには、終末への希望が継承者を生み出す大きな指針になることがある。イエスもそれを否定しない。しかし現実的に克服すべき道をも閉ざしてしまうということがあってはならない。イエスが気づいたのはそこでした。現実の困難がどれほど巨大な権力に牛耳られ、打ちこわし難いことであっても、現時点において、その悪しき支配――不正義の横行、貧富の格差によって人の生が歪められているなら、それと闘うべきではないか、というところに身をおいたのがイエスでした。

その闘いこそ神が求めておられる、神の支配はあの世においてではなく、この世においてて働く、と確信して宗教権力者たちに抗い、病者や社会から疎外されている人々への神の祝福を告げることに全力を注がれたのでした。と言っても罪人呼ばわりされている人々と毎日毎日交わりをもち、飢えた人たちと毎日毎日食事を共にしたわけではありません。その人たちを組織して権力者と闘う集団をつくろうとしたわけでもありません。人との出会いのなかで悩める人に寄り添い、その人への神の祝福を手渡すことに徹したのです。

イエスも身体的な限界をもっている人の子でしたから、ときには独りになることを求め、安らぎの場を求め、笑いに興じるときを求めることもあったでしょう。生身の人間性を封じこめて「食することも枕するところもない」宗教者としてのイエス像をのみイメージするならまちがってしまう。そこでは悲しみ、苦しんでいる人たち、何もできない人たち、どうしようもないようなところで生きている人、わかっていてもできないと歯ぎしりしている人への共感の思いをもつイエスを想像することはできないでしょう。

反戦平和集会で、「わたしたちとは誰か」と問うているYさんの心は、イエスに通じます。両者を突き動かしているのは、現在を生きにくい隣人への愛です。その愛が、共に生き合おうとする行動を生むのだと思います。

聖書のなかの奇跡物語の多くは、イエスの慰めを心の真《ま》っ芯《しん》で受けとめることのできた人たちによる伝承です。たとえば、ナインの町で息子を失った母親の手に返されたのは蘇生した息子ではなく、母親の心のうちに復活の息子を迎えることのできた、母親自身の立ち直りをイエスが導いたということなのであろうと思います。悪しき権力者に立ち向かうことのできない人には、それでもいいとその弱さに共感を示すイエスでした。社会の片隅でひっそり生きていたい母マリアには、うしろめたがらなくてもいいと言い、なけなしの僅かなお金を献金している老婆には神の支えを祈り、小さな子どもたちには、儀式の日だけ定められていた子どもへの祝福を日常的に行ってしまう、といったその人その人らへの現在的な神の平和を手渡し続けたイエスでした。

神の支配は現実のただなかにある、あなたがたの手の中にある、と語り、実践したイエスなのです。それは現状肯定をして、他の人には無関心でいられる人たちを是とすることと同じように見えながら根底的なちがいがあります。何らかの意味で悲しみを覚え、自分の足りなさを感受している人たちへの肯定の言葉です。慰めも励ましも不要とし、自己充足している人、あるいは自分の正当性あるいは、この世における評価のみ求める人には届くことのない、神の支配です。そうです。神の支配〈平和と言ってもいい〉は、誰の目にも明らかに見えるような形では到来しないのです。イエスの時も今も。

平和をつくり出すことがどんなことなのかわからず、それでもつくり出していく者でありたいと望み、神様助け導いてください、あなたの国を来たらせてください。戦争を終わらせてくださいと心から祈り続けていくとき、「神の国・支配は現実のただなかにある」「あなたの手の中にある」というイエスの言葉を聞きとることができるでしょう。気がついてみれば、平和につながる何らかの行動を担っている自分に気づくでしょう。

神の支配は、人を生かそうとするところで働いているのです。人間は、相対的な存在に過ぎません。どの人が正しく、どの人がまちがっているという決めつけをゼッタイ的な意味合いをもって使うことはできません。

神の支配は、どの人をも生かそうとしていることをたえず想い起こしながら、相対的な政治社会のなかでの判断と決断をしていくことです。ノーとイエスを選びとっていくことです。人を生かそうとする現在の働きかけがあると信じられるなら、わたしたちは神の支配のもとにある信仰者です。神による平和を希望し続ける者です。そしてまた、聖書の言葉の両義性に対しても素直に気づく謙虚さをもてるでしょう。

信仰の世界から言っても「わたしたちの平和」が現実的には未知数であることを言わざるを得ません。この世の平和への想いや行動を退け、神のみが与えられる永遠の平和を、と「宗教的理念」にこだわり頑固に主張し続けることは、イエスの「あなたがたの現実のただなかにある、あるいは手の中にある神の国・神の支配」を退けることになりかねない。それはイエスの身において働かれる神の業を拒否することになるのではないでしょうか。

主イエスと共に「御国を来たらせてください」と心から祈り得ているか、と絶えず問わねばならないでしょう。その問いをもち続けられるところでしか、現実に平和をおびやかす事柄についての敏感な抵抗は生じてこない、と思います。

（二〇〇六年八月一三日）

「すべての人に仕えなさい」
――バルメン宣言第四項

マルコによる福音書一〇章四二～四五節

「バルメン宣言」第三項は、永眠者記念礼拝で、「教会とは何か」というテーマのもとに、「兄弟姉妹たちのつくる共同体」であることをお話しいたしました。

今日採り上げる第四項は、そのような共同体の具体的な組織面に目をやり、教会のなかのいろいろな職務の役割のなかに、支配・被支配関係が入りこんでいないか、ということを吟味しています。何しろ、ドイツの状況下ではヒトラーが教会に対しても自ら指導者としての位置を求めてきているので、それに対して、はっきりノーを言うには、自分たちの組織内の職務を見渡し、ヒトラーと同質のものがあってはならないという姿勢が打ち出されています。

〈聖書〉

「あなたがたも知っているように、異邦人の間では支配者たちが民を支配し、偉い人たちが権力を振るっている。しかし、あなたがたの間では、そうであってはならない。あなたがたの中で偉くなりたい者は、皆に仕える者になり、いちばん上になりたい者は、皆の僕《しもべ》になりなさい。（マタイ福音書二〇章二五～二七節）

〈告白〉

教会に様々な職位があるということは、ある人々が他の人々を支配する根拠にはならない。それは教会全体に委ねられ命ぜられた奉仕を行うための根拠である。

教会が、このような奉仕を離れて、支配権を与えられた特別の指導者を持ったり、与えられたりすることができるとか、そのようなことをしてもよいなどという誤った教えを、我々は斥ける。

第四項は、言葉としては、神学的に難しいものではないでしょう。主張されていることを中心にお話しいたします。すでに第二項でも言われていた「被造物に対する自由な感謝に満ちた奉仕」ということを、イエスが弟子たちに語られたこと、したがって今日読んでいただいたマルコ福音書を読み解いていくことにいたします。「バルメン宣言」ではマタイ福音書二〇章二五～二七節が引用されていますが、今日は並行（先行）記事であるマルコ福音書を用います。

　この箇所は、三五節から続いて初代教会によって編集されているものです。イエスの受難予告第三回目の記事のなかの言葉です。受難予告については、何度か採り上げておりますが、もう一度反芻しておきましょう。

　受難予告はイエス自身の言葉ではなく、聖書研究者たちによって「事後予言」として定着してきております。受難したイエスの事実を弟子たちが受け止め、理解したものを、イエス自身の言葉にして、魂に刻むための、言ってみれば弟子たちの告白物語です。

第一回目の受難予告（マルコ八章二七～三八節）

マタイには前段のところでペトロの信仰告白があって、イエスを喜ばせました。「シモン・バルヨナ、あなたは幸いだ。あなたにこのことを現したのは、人間ではなく、わたしの天の父なのだ」。それがたちまち叱責に変わってしまうという事態を引き起こしてしまいました。イエスが「人の子は、多くの苦しみを受けた後に殺される」と言ったとたんに、ペトロは、そんなことはない、といきり立ち、イエスをいさめます。イエスはペトロのその考え、口をついて出てきた言葉を「サタン、引き下がれ」と激しく退けて、「わたしの弟子としてほんとうに従って来たいなら、あなた自身が自分の十字架を負わねばならない」というイミのことを言われたのです。

とてもリアルに書かれていてペトロとイエスの言葉のやりとりに迫真性がありますね。が、ペトロは生前には、イエスの受難を理解することも受け入れることもできなかったのです。あのすさまじい十字架刑のイエスを直視することもできず恐ろしさのあまり逃げ出してしまったのです。考え悩む何日もの時を経てようやく落ち着きを取り戻し、イエスの生前の言葉を想い起こすことができたのでしょう。

そして強烈な自己反省の後に、迫真性のある〝受難予告物語〟を語ることになったのだと想像します。

第二回目の受難予告（マルコ九章三一〜三七節）

弟子たちは旧約以来の伝統的なメシア像をもって到来する晴れやかな「メシア王国」を期待していました。そのときには誰が王座に座るイエスの右に、左にポストを占めるかについて弟子たちで議論し合います。そこでイエスの語られた言葉は、弟子たちの予想外のものでした。「いちばん先になりたい者は、すべての人の後になり、すべての人に仕える者になりなさい」と。休みをとるため立ちよった家の子どもを弟子たちの前で抱き上げ、「子どもを受け入れる者は、わたしを、わたしを受け入れる者はわたしを遣わされた方を受け入れることだ」と語られたのです。

弟子たちは、生前語られたイエスの言葉を当座は理解できないまま、しかし言葉として覚えていたのでしょうか。まるで子どもと同じですね。わたしたち大人にも思い当たることかもしれません。

第一の場合も、第二の場合も、当時の常識・この世の価値観では理解できなかったことを、イエス受難の後にはじめて、価値観を逆転させる信仰的な理解をすることができました。

第三回目の受難予告（マルコ一〇章三二～四五節）

今日採り上げている箇所です。弟子たちが本気でイエスに従うなら、イエスの受難、したがって弟子たちにもかかわってくる受難というものが、どのようなものであるのかを見据えておかねばならない、弟子たち自身が三回にわたってくり返すほど、そのことを心に刻まざるを得なかったのです。今日のところは、今まで二回くり返してきた弟子たちのとるべき態度の総まとめです。

まず「あなたがたも知っているように、異邦人の間では、支配者たちが民を支配し、偉い人たちが権力を振るっている」というイエスの指摘については、当時のユダヤ人にとって誰もが了解するところであったでしょう。

イエス時代のユダヤは、ローマ皇帝アウグストゥス（紀元前二七―紀元一四年在位）の直轄地でした。この皇帝以来、歴代の皇帝は「大いなる者」と呼ばれるようになりました。

カリグラ皇帝（三七年―四一年在位）になると、皇帝礼拝を要求するようになりました。紀元四〇年には、エルサレム神殿に、自分の立像を建てさせようとさえしました。

日本に引きつけて言えば、明治、大正、昭和の天皇の支配ぶりと同じと言ってもいいかもしれません。日本では、「国民」は、天皇の支配をまるごと受けとめましたが、ユダヤでは、皇帝礼拝を拒否し、弾圧をいとわず、ヤーウェなる神を主とするユダヤ教徒としての立場に立ち続けました。もっとも、ユダヤの支配階級のヘロデ王や、神殿祭司たちは、ローマ皇帝のご機嫌をとるような態度をとって、安泰生活を享受しておりましたが。

ドイツの告白教会当時の権力者ヒトラーも戦前戦中の天皇も、イエスの時代や初期教会時代のローマ皇帝も、同質の権力行使者ですね。

このように、グローバル（地球規模）な視点にたって、歴史を振り返ってみると、権力者の正体がおおむねわかってくると思います。現天皇個人の人格とは別に、天皇を利用する制度、天皇を隠れみのにしながら、全体主義国家をつくりあげる仕組みが、天皇制と言われているものです。象徴天皇制であっても、いざというときには効力を発揮します。わたしは憲法改正というなら、一章の天皇に関する条項を削除すべきだと思っているのです。自民党の改憲草案では、予想どおり天皇を「元首」としています。また、一般には、人間性豊かな現天皇への思慕が圧倒的に多いと思われますし、二章にある九条も天皇制との関連で「死守する」思いもそがれかねないと危惧し、一章削除の改憲主張を控えています。

日本占領時点のマッカーサーも、日本の天皇制を残すことに賛成しました。天皇による日本人の心の統一性が新体制をつくるには必要だと洞察していたと思われます。天皇の戦争責任を追及しなかったのもそのためなのでしょう。

だいぶ横道にそれてしまいました、話を聖書に戻します。

紀元六六年、ユダヤ人が、ローマに対するユダヤ独立のために戦争を起こします。この反乱をローマ軍司令官として鎮圧し、六九年皇帝になったウェスパシアヌスは、徹底的にユダヤ人を弾圧し、この時エルサレム神殿は破壊しつくされ、神殿祭司は職を失い、ヤムニアに逃れ、多くの人たちが流民ディアスポラ・離散の民になっていきます。新たにユダヤ人を結束させるために必要になったのは、神殿宗教に代わる律法の民の概念でした。マタイ福音書には、ヤムニアに結集した律法主義者たちとの対決が、背景にあります。

時代をさかのぼること数十年のイエスは、三〇年ごろ、同胞たる祭司長たちによってローマへの反逆者として死刑宣言され、ローマ法に従って十字架刑に処せられたわけですが、イエスは六六―七〇年の独立戦争が生ずる前に、政治状況を予見していたようです。できることなら、戦争を避けたいと心底願っていたでしょう。そして願い叶わぬことも予想しつつ、異邦人の権力下におかれているあなたがたは、力でもって抵抗するのではなく、「すべての人に仕える者」になって生きる道を選びなさい、と説かれたのです。いちばん上に立ってよき支配者になることを望むのではなく、すべての人の僕《しもべ》になることが、イエスに従う道にほかならない。イエスの死後、ようやく弟子たちはイエスの言葉の意味を悟りました。

「すべての人に仕える」というイエスの主張は、この世の権力に対する批判であり、抵抗の思想であることを理解したのです。メシア王国をつくるための戦争への呼びかけではありません。権力者に対峙するには、「仕える」という僕《しもべ》の座に立つことであったのです。一見、自己卑下のように見られる思想のように思えたり、「長いものには巻かれろ」式の処世訓のように早とちりしてしまう言葉かもしれません。が、そうではなく、奴隷状態を強いられている人々への深謀遠慮をもって、事の本質を明らかにされているのです。当時、ローマの奴隷民に位置づけられていた属領国家の人々、私的に奴隷身分とされていた人々を思いつつ、「仕える」ことの本当の意味を弟子たちに示したのです。「仕え合うことによって生きるいのちの豊かさを手に入れること」です。

一般的に言えば、奴隷状態は我慢を強いられ、無理な要求をされてもイヤとは言えないところで生きている人々全体のありよう、隷属状態と言われるものですね。が、イエスは、そのように定着している考え方やあり方をひっくり返して、積極的に「仕える」ことの必要を説いたのです。

人の子なるイエスが、神から遣わされたメシアだ、キリストだというなら、人々に仕え、人々を生かすための使命を理解するように、と言われたのです。

人々を生かすのは、誰であれ、その人の尊厳を認めることです。たとえ生まれながら自力で歩くことも食べることもできないハンディを背負っている人にとっても、創造主が与えられたいのちを自他ともに認めることによってしか、生を喜ぶことはできない。弟子たちは生前のイエスの生き方を見ているのですから、よくよくわかったでしょう。現代の日本では、自分の権利を主張することがようやくできるようになったと思います。が、他者の権利を当たり前のように認めるまでには至っていないでしょうね。道のりはまだまだ遠いようです。

遠い道のりを歩んでいくには、価値観のちがいのぶつかり合い、制度や組織の表面的なものとの闘いをせざるを得ない困難があります。自分自身との格闘もあります。が、その格闘のなかで、人は罪深さに気づいていくのでしょう。それは多くの場合、他人の苦しみを引き受けざるを得なくなったところで経験していくものです。自分の十字架を負うということは、個人的な自分だけの苦しい事態を引き受けることにとどまらないのです。そのようななかから、「人に仕える」ことの重さをずしりと感じ取っていくのでしょう。

ある方が信仰をもつようになってから苦しむことが多くなった、と言われました。今まで人のことを思いやって苦しむということがなかった、と言うんですね。それはお話ししてきたようなイエスの受難と結びついての信仰者の生き方へと召されてしまったからです。ことの始まりは、安定感、安心感こそ手に入れて穏やかに生きていきたい、という求めから教会に足を踏み入れたのに、まったく逆のようなところに入りこんでしまったようで、何か釈然としない、と。でも、そう、言葉を口に出しながら、自分の魂の深いところで、そんな自分の変化を受け止めておられるようでした。新しくされた自分を認めているようにわたしには思われました。

またある方は、というより何人もの方から言われました。世の中でさんざん苦しめられ、酷い思いに辟易《へきえき》させられて、日曜日に教会に来るのだから、慰めこそ欲しい、心洗われるような気持ちになって持ち場に帰りたいと言われます。教団の問題やら、政治社会の問題を突きつけられるとやりきれない、足も遠のいてしまうのがふつうの人間ではないですか、と。そうですよね、とわたしも言ってしまいたい気持ちを抑えながら、口に出るのは、ごめんなさい、でした。礼拝に出て、喜びがなければ、献金する気にもなれないと言われたこともありました。

しかし、その方たちの言葉を反芻しながら、思いました。礼拝で与えられる慰めや喜びは、文字どおり慰め、喜びとなることもあるし、それが望ましいけれど、魂をゆり動かすような状態を引き起こされるところでこそ、疲れを癒やされるのではないかと思うのです。たとえ、説教に違和感をもっても、礼拝のさまざまな要素を媒介にしながら、神とその人なりの関係をもちうるのではないでしょうか。神との出会いを生じさせるのは、神ご自身の働きです。

今、イエスの「人に仕えなさい」という言葉は、生きている現場で奴隷状態におかれている人にとっては、あたかも位置転換されるような解放される思いを与えられる言葉の響きをもっていたのではないかと思います。

が、現実には新たな困難を引き受ける事態になるかもしれません。しかし、今までとはちがって神の赦しや助けを求める祈りはもとより、仕える人その人のための祈りへと導かれるでしょう。

祈りを引き出されること、それこそが慰められることの内なる経験です。神の働きかけに対するこちら側の応答です。身勝手な願いをしつつ、それが変えられていく確かな神との関係性のなかで湧いてくる祈りです。

イエスの「仕えなさい」は、慈善行為とはちがいます。慈善的な行為はたいていの場合、自分を満足させうることが、いちばん大きな要素になっているからです。自分を満足させることは、苦しみを伴わない。他人からみて苦労している、と思えても、当人にとっては苦にならないものでしょう。目的達成のための労苦をいとわないところで、正義や善行はなされるものだからです。

イエスの要求される「すべての人に仕える」ことは、イエスが十字架上で明らかにされたように、端的に痛みがあります。苦痛があります。悶えがあります。なぜ、こんな重荷を背負わねばならないのかという疑問があります。他者との関係から逃れたい、という苛立ちがあります。無力感に押しつぶされそうになったりもします。

仕える相手が親や子、配偶者、親しい友であったとしても簡単ではないかもしれません。政治的弾圧下におかれている人にとっては、なおさらでしょう。こんなにしんどいなら、いっそ足を洗ってしまったら、という声がどこからともなく聞こえてくる、ということもあるでしょう。

けれども、じつに不思議なことですけれど、敗北感あるいは絶望感と言ってもいいような状態から救いあげられる瞬間があります。

「仕えることは、頑張ることとはちがうよ、忍耐することともちがう、自分の望みどおりになることとももちろんちがう、わたしと一緒に生きることだよ」とイエスの声を聞く時です。そのイエスの声に背中を押されて、つらい気持ちから抜け出すこともできます。気張ることをゆるめられて、持ち場に立ち続けることもできます。抜け出すにしても、踏みとどまるにしても、主イエスの声が聞こえ、よみがえる自分を発見する。これこそが「心を洗われるような気持ち・慰め」と言いうるのではないでしょうか。それは同時に、あの人も、この人も、と目にとどめることができるのです。「兄弟姉妹の共同体」、「礼拝共同体」と言われる教会の意味が実現することでしょう。

「すべての人に仕えなさい」という主イエスの命令は、自分ばかり見つめていた目の視野を広げてくれる。神につながっている、あなたとわたしの関係、を気づかせてくれるのではないでしょうか。具体的に言えば、お互いに配慮し合える関係です。自分のできる奉仕だけで十分、人は人という他者への無関心さを解かれて、支え合い、補い合い、気配りをもち、学び合って、成長していく交わりの本質が生じるのです。

信徒どうし、また信徒と牧師もお互いに新しい人を迎えたときにも自然に、第三項で主張されていたような「兄弟姉妹の共同体」コイノニアに生きる動き、交わりが流れ出していくといいですね。それがバルメン宣言の告白している真実だと思います。もう一度読んで終わります。

告白文中の「教会に様々な職位があるということは、ある人々が他の人々を支配する根拠にはならない。それは教会全体に委ねられ命ぜられた奉仕を行うための根拠である」という真実が生じる。このことをしっかり受けとめましょう。

（二〇一五年一一月一五日）

あとがき

祈りは神との対話です。神が「目に見えない大いなる存在」であるとしたら、対話はどのように生じるのでしょう。

聖書に登場する人たちにとっては、神はそば近くにおられるかのように、

「わたし（神）はあなたの名を呼ぶ」

「わたし（神）はあなたが母の胎内にいる時から知っている」

「母親が自分の産んだ子を忘れるようなことがあっても、わたし（神）はあなたを忘れることは決してない」

「わたし（主イエス）はいつもあなたと共にいる」

「あなたの内に働きかけて〈信仰〉を起こすのは〈聖霊〉」……

と、それぞれ神・イエス・聖霊からの働きかけを受け取りました。

祈りは自然にほとばしりでます。喜びや感謝はもとより、自分たちのおかれているところから、さまざまな問いを投げかけたり、虚無的な想いをつぶやいたりして、神からの応

え「み言葉」を聴き取ります。同時に「あなたはどこにいるのか」と神から質問されてたじろいだりします。

神と人との関係性を表す「対話」が綴られているのが聖書です。

説教は、その対話を証言する「祈り」と言ってもいいでしょうか。


この「説教集」が、キリスト教にまったくはじめて、という方の手にとられることはないかもしれません。それでも、一人、二人ぐらい目を留めてくれる方を想定して（祈って）、『聖書』の成り立ちについて簡単に触れておきたいと思います。

宗教はたいてい、教典というものを持っていて、それを「聖なる書物」と呼んでいます（最近「聖なる」をはずしたほうがいい、と主張している聖書学者もおります）。

キリスト教の場合は、「旧約聖書」と「新約聖書」を併せて「正典」とみなしています。「約」は、神との「契約」という言葉を略したものです。ただし、「旧約聖書」は、今日に至るまでユダヤ教の「聖典」なので、「旧約聖書」については、ユダヤ教と共有していることになります（ユダヤ教では〈旧約〉とはもちろん言いませんが）。

「旧約聖書」は、主としてイスラエル民族の歴史――ヤーウェなる神と契約を交わした民として、神からの審きや赦しを柱に据えた歴史――の形をとっています。

「新約聖書」は、イスラエル北方のガリラヤ地方ナザレの出身であるイエスという人物の信仰刷新活動と、それを受け入れた人々の記録が中心になっています。

イエスは、律法を守れない人々を「罪人」として排除するような形式化してしまったユダヤ教への鋭い批判を展開しました。群衆も爆発的な参与を表します。ユダヤ当局は自分たちの位置保全のために、ガリラヤからエルサレムに上京してきたイエスを逮捕し、議会を開いて、イエスなる人物を抹殺するべく彼の罪状を確定します。宗教的には「神を冒瀆する者」、政治社会的には「暴動を起こす者」として、ローマ当局に死刑処分を訴え、当時の地方総督ポンテオ・ピラトによって十字架刑に処せられました。

イエスの死後、弟子たちはもとより、イエスの言動によって解放された人々が、イエスを「キリスト＝救い主」として、神との新しい関係（契約）を信仰告白しました。エクレシア（集められる＝教会）があちこちに誕生し、やがて「キリスト教」と呼ばれるようになっていきます。

「正典」が決定された時期ですが、ユダヤ教の「（旧約）聖書」は、じつはすでに初期キリスト教が成立していた西暦一世紀の九〇年、ヤムニア会議で決まりました。「新約聖書」は時を隔てて三九七年のカルタゴ会議で決まりました。この時「旧約聖書」も同時にキリスト教の「正典」として位置づけられます。「新約」に登場するイエスやパウロが「聖書」として採り上げていたのは「旧約聖書」であったし、旧約以来、神と人間との関係性を追求することに変わりはなかったからです。

「正典」や「聖典」としてできあがった書物を後の人たちが手にすると、何か動かしがたい、批判など許されない類いの書物として受けとめてしまいがちですが、「一つのまとまり」を作りあげるには多くの人たちの考えや想いが集められているわけですから、そういうできあがっていく過程を知れば、そんなにかしこまらなくてもいいわけです。後の人たちの考えや想いを表出することを拒否する必要もありません。「聖」にまどわされないで、聖書に登場する人々の感情や感覚、記憶や思索、また、それぞれの時代や地域に生じている出来事を読みとり、疑問や共感を率直に提起しつつ、聖書のおもしろさを読みとってほしい、というのがわたしの願うところです。

なにしろ、二〇〇〇年にもわたる神と人間との関係性が、人間の歴史を舞台にしてくり広げられているのです。多様な語り口が、目で読める文字に転換されているのです。つまみ喰い式にところどころを拾いあげてみても、おもしろく読めるでしょう。

本書の二三編の説教は、まさに、つまみ喰い式に拾いあげました。

ふだんの日曜礼拝では、おもに一つの書を連続して採り上げていく方式をとっています。連続して読んでいく時のおもしろさは、一つの書物の編集者の視点のちがいを見ることができるということです。たとえば、四つの福音書におけるイエスの十字架上の言葉、そのあとさきの文章の大きなちがい！　とまどうばかりです。でも不思議なことに、編集者一人ひとりに霊なる神が働きかけ、信仰を起こしていてくださるのだと思えたとき、証言されている言葉の豊かさに導き入れられるのです。――疑問を生じさせられることも含めて。「新約聖書」や「旧約聖書」の文書には、反感と共感が心の内で忙しく生じるかもしれません。でも聖書は、過去の書物ではなく、未来を展望しつつ今を生きている者に語りかけることを本命としています。

最後に、記しておかねばならない大事なことがあります。

この説教集を企画し、説教を読みあわせ、編集し、出版社に相談して刊行にこぎ着けたのは、かつて「教会女性会議」（超教派の教会女性の集まり）に参加しておられた大野季子さん（東京在住の塩尻アイオナ教会員）、久保田泰子さん、林節子さん、また最近久保田さんと林さんの教会に見えるようになった河野貴代美さんたちの、お心とご労苦によるものです。

パソコンを使えないわたしに代わって、最終牧会奉仕をした塩尻アイオナ教会の数人の人たちが、二〇〇六年頃から自発的に説教のパソコン入力をしてくださり、後半は大野さんが引き受け、東京の友人がたにメールで配信してくださったのでした。

わたしにとっては、五九年間の牧会生活を終えたときに提案していただいた、思いもかけない説教集出版のおはなしでした。心から感謝しております。

現在わたしは松本に在住し、日本基督教団波田教会（川本恵子牧師）の協力牧師として愉しいおつきあいに与《あずか》らせていただいております。

教会女性会議活動中（一九八八年―二〇〇三年）の一九九五年に『イエスと呼応しあった女たち』という説教集を新教出版社から出していただきました（現在は絶版）が、今回も新教出版社のお世話になりました。新しく社長になられた小林望さんには、細やかなご助言やいろいろと便宜の労をとっていただきました。ありがとうございました。

時は今。「戦争を許さない」と声を挙げている人々に呼応して、人間のいのちの根源を指し示しつつ平和共存を求める聖書のメッセージが用いられることを祈りつつ。

二〇一七年一〇月三一日　宗教改革記念日に

横田幸子

著者　横田幸子（よこた・さちこ）
1933年、埼玉県に生まれる。日本聖書神学校卒業。就任教会は日本基督教団美竹教会に5年、東京の大泉学園町で夫と共に開拓伝道した大泉教会に38年、単身で塩尻アイオナ教会に16年。2016年引退。著書『女性と天皇制』（共著・思想の科学社）、『イエスと呼応しあった女たち』（新教出版社）、『かみさまおてがみ　よんでね』（コイノニア社）。

神と向き合って生きる

2018年1月30日　第1版第1刷発行

著　者………横田幸子

校正校閲……海老沢基嗣
装　丁………ロゴスデザイン 長尾優

発行者………小林　望
発行所………株式会社新教出版社
〒162-0814 東京都新宿区新小川町9-1
電話（代表）03 (3260) 6148
http://www.shinkyo-pb.com
印刷所……モリモト印刷株式会社

ISBN 978-4-400-51443-5　C1016